Awe Effect

オウ エフェクト

人生に喜びをもたらす「Awe体験」の効果

カトリーン・サンドバリ／サラ・ハンマルクランツ

喜多代恵理子［訳］

サンマーク出版

はじめに

Ａｗｅ体験とポジティブ心理学へのふたりの思い

まずは、著者である私たちについて話しましょう。

長年、興味深い分野として「ポジティブ心理学」に注目していた私、サラ・ハンマルクランツは、２０１７年の秋に「Ａｗｅ《オウ》 Ｅｆｆｅｃｔ《エフェクト》（大自然などを前にしたときの感動、畏怖、驚きなどの感情がもたらす効果）」についての研究論文を執筆しました。

その論文は、ソーシャルメディアで話題となり、頻繁に拡散され、コメントも多く寄せられました。ありがたいことに、高い評価をいただきました。

一方、もうひとりの著者であるカトリーン・サンドバリは、「自身の人生について語ることを通してポジティブな感情を見出す」という、独自のコーチングモデルでクライアントをサポートしてきました。

そして、クライアントたちが「Ａｗｅ《オウ》体験」を語ると、その人の表情にある変化が起きることに気がついたのです。Ａｗｅについて語るときは、誰もが喜びにあふれ生き生きとしていました。どうしてでしょう？

もともと友人だった私たちふたりは、あるとき話をしていて、互いに「ポジティブな感情」についての心理学に興味をもっていることを知ります。そこで、Ａｗｅについて話すことの不思議な心理的効果について話し合いました。

そうして、「Ａｗｅの背後には何があるのか」について本格的に調査することになったのです。関連する書籍や研究論文を読むだけでなく、欧米でその分野の研究をしている第一人者たちに直接会って、話を聞きました。

自分たちが学んだことを多くの人に伝えたい。その思いが、半年後に１冊の本になりました。そう、あなたがいま手にしているこの本です！

どうか、楽しんでいただけますように。

サラ・ハンマルクランツ
カトリーン・サンドバリ

Awe Effect もくじ

第1章 ワオ！ これがAweだ

果てしないものに対する感情

第2章 Aweの効果

「Awe体験」が私たちにもたらす変化

第3章 Aweの源

さまざまなものが与えてくれる恩恵

第４章　日々のＡｗｅ

好奇心を鍛えるための日常のエクササイズ

第5章　未来はAweにあふれている
テクノロジーがさらなる幸せをもたらす

※本文中の〔　〕は訳注を示す。

序　章

木の下でのAwe体験

世界は、すばらしさに満ちている

ユーカリの木を見上げると、気持ちが変わる

たくさんの葉のあいだから、日の光が降りそそいでいます。ユーカリの木の下には一切の陰がなく、ときおり、シルバーグレーの樹皮がぱらぱらとはがれ落ちます。太陽に顔を向けているブルーグリーンのつややかな葉が風に揺れ、あたりにはペパーミントのような香りがうっすらと漂っています……。

魅力的なユーカリの木は、世界じゅうに600以上の種類があり、とりわけオーストラリアの象徴とされてきました。かの国の森林のおよそ70パーセントがユーカリの木だといいます。タスマニアには、100メートル近い高さの巨大なユーカリの木も存在するようです。

米カリフォルニア大学バークレー校のキャンパスに生えているユーカリの木も60メートルもの高さがあり、北アメリカでもっとも高い木と言われています。

その木の下で、学生たちが立ったまま上方を見ています。木の下に立っている90人の学

生は、実験内容について何も知らされていません。ところが、被験者の学生の半分は、木に背を向け、灰色の校舎を見上げています。

学生たちは、こう言われていました。半数の学生は、「1分間、ユーカリの木をじっと見上げてください」。そして、残りの半数は「1分間、校舎をじっと見てください」と。

ちょうど1分経《た》ったところで、アンケート用紙とペンをどっさり抱えた人がやってきました。その人はつまずき、ペンが地面に散らばってしまいます。被験者の学生たちが駆け寄ってペンを拾います。これも実験の一部だとは知らずに……。

はたして、どの学生が助けに駆け寄ったでしょう？　ぱっとしない校舎を見つめていた学生に比べ、美しいユーカリの大木を見上げていた学生のほうがはるかに多く、ペンを拾おうと駆け寄ったのです。

では、彼らはなぜそうしたのでしょうか？　ユーカリの大木を見上げていた学生は、「Awe体験」をしていたからなのです。

その体験によって、自分自身をちっぽけなものと感じ、自己中心的な考えが薄らぎ、正義感や他者を思いやる気持ちが増したのです。さらに実験に参加した謝礼についても、ユーカリを見ていた学生たちは、校舎に目を向けていた学生たちより少ない額で満足しました。

この実験では、Awe体験と向社会的行動には明らかに関連性があることが確認されました――人間は何かに感動すると、他者に対してより寛大で協力的になるのです。

ほんの1分の短い感動体験だけでも、これほどまでに大きな効果をもたらすのです！

世界は、すばらしさに満ちている

Aweは、さまざまな形で現れます。

たとえば、美しい夕焼けにはっと息をのんだとき、冬のさわやかな日にそびえたつ山並みに心を動かされたとき、高く跳び、速く走り、重いものを持ち上げる選手たちの姿に魅了されたとき……。

環境活動家のグレタ・トゥンベリの情熱やダライ・ラマのあたたかい心に感銘を受けたとき、好きな音楽を聴いて感極まったとき、サッカーの試合やコンサートでほかの観客と一体になったとき。生まれたばかりの赤ちゃんの目を見つめたとき、成人した子どもの結婚式に出席したとき……。

「Ａｗｅ」は、感性を刺激されるような美しいもの、信じられないもの、大きなものや小さなものに出会ったときに湧き起こります。

スウェーデンの詩人、ボーディル・マルムステーンはそれを、「ああ、世界はすばらしさに満ちている」と表現しました。


ところが、こんなにも強烈な体験にもかかわらず、そのときに抱く感情は、あいまいでとらえどころがないのです。明らかに何かを感じているのに、その正体がつかめません。

この本に登場する研究者の多くも、Ａｗｅの正体を解き明かしたと思ったとたんにいろいろな疑問が湧き上がってきたと言っています。

実際、Ａｗｅとはなんなのでしょう？

私たちは多くの時間をかけて、「Ａｗｅがなぜ、私たちの気分をよくするのか」について話し合いました。そして、この感情は、自分とまわりの世界にユニークな影響を与える唯一のものであるという答えにたどり着いたのです。

Ａｗｅとは、サプライズのおもちゃが詰めこまれた、卵形のチョコのようなもの。多くの研究が、Aweは「身体的にも精神的にもよい影響をもたらす」という結果を示しています。その効果は驚くべきもので、いますぐにでも注目されるべきものなのです。

「Awe体験」がもたらす、驚くべき効果

実際に、Awe体験をした人には、以下の効果が現れます。

- 健康になった
- ストレスが軽減された
- 人とのつながりが強くなった
- 頭の回転が速くなった
- 創造力が豊かになった
- 自己中心的な考え方が薄らいだ
- 思いやりの気持ちが強くなった
- 他者に寛容になった

・環境への関心が高まった

そう、Ａｗｅはとても大切な感情です。太古の昔から、人類はこの感情をもっていることを覚えておいてください。

好奇心と驚きに満ちた喜びをもって、人生に〝すばらしい宝〟を発見するとき、私たちは、子どものように自然にこの感情を味わっているはずです。それは、私たち自身だけでなく、社会全体にとってもとても大切なものなのです。

Ａｗｅは、「究極の集団感情」とも言えます。私たちが集団全体のために行動を起こそうとするきっかけにもなるからです。

ある研究者は、より多くの人に、自分だけではなく全体のために尽くそうという気持ちを高めてもらうために、世界にはもっとＡｗｅが必要だと言っています。

Ａｗｅ体験によって、人は優しくなれます。目の前の小さなことに気をとられるのではなく、すべての人にとってよいことに目を向けるようになれば、未来の世代のためにより賢明な判断ができるようになります。Ａｗｅがあれば、紛争や気候・環境問題においても、望ましい一歩を踏み出すことができるのです。

Ａｗｅはまた、人生の満足度を高めてくれます。Ａｗｅによって、私たちは時間のゆとりを感じられるようになるのです。広い視野と明確なビジョン、そして心の余裕も生まれます。Ａｗｅ体験が、体内の炎症を抑えるという研究結果まであるといいます。Ａｗｅの効果は計り知れません！

つまりＡｗｅとは、夕焼けに心を動かされることだけではありません。癒やしや共感、意志や帰属意識が芽生えることも意味します。

私たちは平均して「週に2、３回」はＡｗｅを体験しています。Ａｗｅは、子どもが生まれたとか絶景を見たとかいった「特別な体験」だけでなく、「日常的なこと」も含んでいます。

「Ａｗｅを感じる能力」は誰にも備わっていますが、どこで、どのように体験するかは、人それぞれです。Ａｗｅへの道は、自分で切り開かなければなりません。

忙しくしている間に、失われているもの

さて、Ａｗｅがもたらすポジティブな効果については、なんとなくイメージできてきたでしょうか？

しかし、こうした効果のほとんどは、私たちのなかにとどまることなく、あっという間に通り過ぎてしまいます。めまぐるしい日常に追われる私たちは、Ａｗｅのすばらしさをじっくり享受する余裕がないのです。

２０１９年、病気休暇の理由として5番目に多かったのは、「ストレス」が原因の疾患でした。全体的に見ると、精神疾患による病気休暇の割合は、この10年で30パーセントから48パーセントに増加しています。

もっと余裕のある生活をしたくても、子どものおむつ替えやら、退職手続きやら、転職活動やら、ダイエットやら、洗濯やらのせいで、息をつく暇もないのが現状です。

気分転換の大切さは誰もが知っていますが、気分転換までもが「やるべきことリスト」に入ってしまったら元も子もありません。ヨガ、瞑想、筋トレ、睡眠、ウォーキング、き

ちんとした食生活……こんなにたくさんのことを、どうやってこなせるというのでしょう?

私たちは、日常のなかにある「息をのむような体験」の存在に気がつかないまま、あわただしく次の会議に向かったり、スマホのゲームに夢中になったりしています。私たちは、起きて活動している時間の3分の1を、そんなふうに過ごしているのです。

2015年の世界価値観調査(World Value Survey)によると、著者の私たちが住む、ここスウェーデンは「もっとも個人主義的な価値観」と「もっとも非宗教的な価値観」をあわせもつ国となっています。煙草やアルコールや肥満よりも危険だと言われる「意図しない孤独」が増えつづけているのです。

音楽や芸術に没頭する機会が減ったり、自然のなかで過ごす代わりにショッピングモールに出かけたりするのは、おかしなことではないかもしれません。いまやショッピングは、最低限のニーズを満たすものではなく、自分のステータスを手に入れるための手段になっています。

ほかのことに忙しくしているあいだに、本当に大切なものが失われているのです。

目に見える価値しかないものや、成功や、支配することを追い求めていると、人生はあっという間に輝きを失ってしまいます。ストレスに満ちた人生に、Ａｗｅが入り込む余地はないのです。

「日常のなか」にＡｗｅを取り入れてみよう

私たちは、有意義でせわしない毎日を求める一方で、休息もほしいと願っています。いまこそ、日常のなかにＡｗｅをもっと取り入れてみましょう。毎日のルーティーンにビタミンを注入するのです。

Ａｗｅは私たちの健康状態、生き方、考え方によい影響を与えてくれます。さらに、自分だけの楽しみ方ができるという利点もあります。誰かと競争する必要もなければ、お金もかからない。必要なときにちょっとリラックスして、気分を高めるだけでいいのです。やがて脈拍がゆっくりになり、呼吸が落ち着いて、ストレスが解消されていきます。

もちろん、Ａｗｅが精神疾患などの病気の特効薬になるわけではありませんが、疲労やストレス、不安の緩衝材になるのは間違いありません。

Ａｗｅとは、ストレスから解放された「ストレスフリーゾーン」であり、自分を充電し、新しい目で世界を見られるようにする場所だと考えてください。マインドフルネスの効果を手軽に享受できる場所だと言ってもよいでしょう。

私たちが出会った研究者は、Ａｗｅを「自動マインドフルネス」と呼んでいました。言い得て妙ではないでしょうか。

この本を読みはじめるにあたって

Ａｗｅへの興味が、私たちふたりを研究の旅へと突き動かしました。私たちはさまざまな場所を訪れ、いろいろな人と会い、本や研究論文を読み、講義を受け、ポッドキャストを聴きました。

こうして掘り当てた〝宝の山〟をみなさんにおすそ分けする前に、この本の内容と構成について私たちが話し合ったことを、簡単に記しておきます。

Ａｗｅの研究は、始まってまだ20年足らずの、新しい分野です。

２０００年代に入ってＡｗｅに対する関心は爆発的に高まりましたが（これからもますます成長していくでしょう）、ここでいったん、これまでに行われてきた研究を「再現」しておこうと思います。つまり、Ａｗｅの効果を確信できるよう、過去と同じ実験を行い、同じ結果が出ることを確かめるのです。

本書は、例外はあるものの、基本的に複数の研究から得た知見を根拠にしています（スウェーデンではまだＡｗｅについての研究はほとんどなく、研究がさかんに行われているのは、アメリカ、中国、オランダ、イタリア、スペイン、カナダといった国です）。

また、研究の歴史が浅いということは、現在わかっていることが今後覆される可能性があるということでもあります。しかし、これまでに発見されたことは非常に興味深く、多くのメリットが期待できるため、ぜひ紹介したいと思いました。読者のみなさんも、実際に試してみてください。

私たちがインタビューした研究者たち

私たちは、この分野の研究者たちに会い、インタビューを行いました。みな心理学や行動科学の先駆者であり、その道では名の知られた人たちです。

なかでも大きな存在感を放っているのが、Ａｗｅが私たちの生活のなかでどれだけ重要な役割を果たしているかを発見した人物、カリフォルニア大学バークレー校のダッカー・ケルトナー教授です。

ケルトナー教授は、Ａｗｅやポジティブな感情に関する研究の第一人者として、国際的に知られています。共感、Ａｗｅ、愛情、美しさに加え、権力や階級、社会的不平等についても研究し、これまでに執筆した研究論文は２００以上にのぼります。

ほかにも、自身が設立した「グレイター・グッド・サイエンス・センター（Greater Good Science Center）」を通し、ポジティブ心理学の研究を広めています。

センターのウェブサイトを訪れた人は１０００万人、ポッドキャスト「ザ・サイエンス・オブ・ミーニング（The science of meaning）」のダウンロード数は１２００万回、ニュースレターの購読者は60万人に達しています。

教授はまた、20人以上の大学院生とともに「バークレー・ソーシャル・インタラクション・ラボ（Berkeley Social Interaction Lab）」で研究を行っています。

ケルトナー教授は、私たちの取材リストのいちばん上に名前が挙がっていました。私たちは彼の講座「Ａｗｅと思索と好奇心（Awe, Wonder and Curiosity）」を受講するためにメキシコを訪れました。

ほかにも、アメリカでは社会心理学博士のミシェル・ラニ・シオタと会いました。彼女は初めてＡｗｅに焦点を当てた研究を行った人物で、現在はアリゾナ州立大学で「ＳＰＬＡＴラボ（The Shiota Psychophysiology Laboratory for Affective Testing）」を主宰しています。

私たちはさらに、アメリカとヨーロッパの両方で、ほかの研究者にもインタビューを行いました。

できるだけ読みやすい本にするために、初めて名前を挙げる研究者は名前と肩書きを紹介するようにしましたが、多くの研究者名と同様、実験名や大学名は紙面の都合もあり掲載できませんでした。さらに深く知りたい場合は、本書の最後にある参考文献を見ていただければと思います。

すばらしき〝ワンダージャンキー〟7人の物語

さらに、Ａｗｅを「生きる原動力」としている7人の人物も登場します。自らの心惹かれるものを、人生の中心に据えている人たちです。

私たちは彼らを「思索中毒者《ワンダージャンキー》」と呼んでいます。彼らは、この言葉を生み出した宇宙物理学者のカール・セーガンからはもちろんのこと、現代のＡｗｅの伝道師であるジェイソン・シルヴァからも影響を受けています。

この本を読み、Ａｗｅのメリットをたくさん見つけてもらえたらと思います。木や石のなかに、あるいはあこがれの人物や類《たぐい》まれな才能のなかに、秘められた力を発見してください。

Ａｗｅの効果や研究からわかったことをすぐに知りたい方は62ページから、そうではなくＡｗｅを経験したい方は１１０ページから始まる第3章の「Ａｗｅの源」を読んでください。順番どおりに読みたい方は、次のページをめくってください。

本書では、Ａｗｅがどのように定義され、識別されるかを説明してから、Ａｗｅの歴史の扉を開き、はるか昔へさかのぼっていきます。

感動と驚きについて

感動は、私がもつ語彙《ごい》のなかでも、ひときわ美しい言葉です。
人は、世界を暗くちっぽけにするものには感動しません。
アウシュビッツには感動しません。
そういうものには、別の言葉があります――あるいは、何の言葉もありません。
人は、世界を大きく明るくするものに感動します。
感動することは、すなわち生きること、
人生の意味と呼ばれるようなものが
垣間見えるかもしれないこと。
生きることは、わずかのあいだ、感動する特権を与えられること。
感動と驚きの特権を。
驚きに胸を打たれることは、自ら望んで打たれようと思う、数少ないことのひとつ。
感動を呼ぶ人は、知りあえてよかったと思える人なのです。

子どもじみていると思われるかもしれませんが、私はいまでも、社会のしくみに感動し、蛇口からきれいな水やお湯が出てくることに感動し、コンセントから電気が流れてくることに感動し、どういうわけかインターネットが使えることに感動し、ごみが収集されることに感動し、店に焼き立てのパンや、もぎたてのオレンジが並ぶことに感動し、まったく知らない者同士が、ときおり通りで微笑みをかわすことに、バスや電車が時間どおりやってくることに、銀行が機能することに、今日機能していることが明日も機能することに感動します。

感動できる人というのは、何ごとも当たり前と思わない人のこと。
毎朝、食事がテーブルに並ぶことに感動し、その喜びを忘れない人は、いつでも学ぶことができるのです。

――ヨーラン・ローセンバリ

第1章

ワオ！ これがAweだ

果てしないものに対する感情

「果てしないもの」が生み出す感情と変化

Awe――それは、あまりに大きく、圧倒的で、理解しがたく、飲み込みきれないものと言えるでしょう。

社会心理学者で倫理学の権威でもあるダッカー・ケルトナー教授とジョナサン・ハイト教授は、2003年に行った非常に画期的な研究で、この感情をさらに具体的に定義づけました。

Aweとは、果てしないものや理解を超えるものが生み出す壮大さに対する感情であり、私たちが新しい情報を通して、自分あるいはまわりの世界に対する（それまでの）理解を変える必要があるときに、私たちのなかで起こる「精神的な変化の過程」でもある、と結論づけました。このことが、Aweという感情と、「感嘆」や「驚き」や「喜び」といった、ほかの似たような感情とを区別する手助けになればと思います。

研究者にとって、自分が研究しているものの「定義づけ」を行うことは非常に重要なのです（これによって、研究者らが互いの研究を比較することができるようにもなります）。Aweを追い求めている人にとっても、自分が探しているものが何かを正確に知っておくことは、もちろん重要です。

人生を変えるほどの「大きな変化」を起こす

では、もう一度、説明しましょう。Awe体験の中心にあるのは、とりわけ以下のふたつです。

①広大さの体験

〝すっかり圧倒され、すべてを受け入れることができない〟

私たちは、自分よりも大きなものと出会うことがあります。誰でも、星空を見上げたり、どこまでも続く渓谷を眺めたりしたことがあるでしょう。広大さを体験したことが。自分自身をちっぽけに感じながらも、何か大きなものの一部だと感じたことが。

森のなかで高い木を見上げたときのような「物理的」な体験もあれば、雷鳴の轟《とどろ》きやオルガンの迫力あるメロディを聞いたときのような「音響的」な体験もあります。
あるいは、新しいアイデアや科学的発見に驚いたときのように「知的」な体験をするときもあります。
ときには「社会的」な体験もあります。活動家のマララ・ユスフザイのスピーチを聴いたり、夕食会で有名人の隣の席になったり、権威ある人に尊敬の念を抱いたりするように。サッカーの試合で国歌が演奏されたときに感じる連帯感のなかにも、広大さを見出すことができます。

② 調整の必要性

〝どうやったら考えを変えられるのだろう?〟

「何が起こっているのかわからない」というのは、脳が過去の記憶のなかにそれと一致するものを見つけられない状態のことです。

私たちは、想像もしていなかった状況に遭遇して驚いたり、生命の奇跡を前にして謙虚な気持ちになったりします。自分の認識を超えるできごとが起こると、認知に影響を与える精神的な葛藤が生じます。そういうときは、目の前の状況を受け入れる必要がありま すが、いつでもそれができるとは限りません。

ウサイン・ボルトは、100メートルを9秒58で走って10秒の壁を打ち破り、人間の体の可能性を定義しなおしました。あのとき、私たちは「人間は100メートルを10秒以内で走ることはできない」という認識を変える必要がありました。

アームストロングが月面に踏み出したのは小さな一歩ですが、人類にとっては大きな飛躍でした。

ピラミッドがどうやってつくられたかを知ったとき、娘が思いがけずピアノでアリアを演奏してくれたとき……何か新しいことを体験すると、私たちはそのできごとを認知しようとしますが、以前体験したことのなかに一致するものがないことに気づきます。そのとき、新しい知識がインプットされ、新たな視点をもつことができるのです。

まさにいま、あなたのなかでそうしたことが起こったかもしれません。つまり、あなたは、「新たな視点」を与えてくれるものを学んだのです。

Ａｗｅは人生を変えるほどの大きな変化を起こすと同時に、日常のなかにある小さな「奇跡」に対する大きな喜びをも引き起こしてくれます。心を動かし、感性を広げ、知識を深め、人生を変えるような偉大な経験は、小さなもののなかにもあると覚えておきましょう。

蜂が迷わずに巣に帰る方法を知って「なるほど」と思ったとき、太陽が毎朝のぼることに驚いたとき、音楽を聴いていてふと鳥肌が立ったとき――それらすべてがＡｗｅ体験なのです。

Ａｗｅは、どんなふうに「感じる」のか？

ケルトナーとハイトは、まったく新しい研究分野を切り開きました。彼らの論文が発表されて以来、さまざまな実験が行われ、現在、研究はさらなる盛りあがりを見せています。

２０１８年には、「Ａｗｅの測定尺度」がつくり出されました。

Ａｗｅは複雑な感情のため、前述の「広大さ」と「調整の必要性」のほかに、以下の４つの定義が加わりました。

①時間のとらえ方の変化

Aweは、時間がよりゆっくり流れるような感覚になります。〝時間にゆとりができたように感じる〟

②自己の最小化

Aweは、その体験の広大さに比べて、自分を小さな存在だと感じます。自己中心的な意識が減ります。〝私個人は、集団全体で見れば、たいして重要ではない〟

③帰属意識

自己中心的な意識が減ると、意識が外に向いて、他者に親しみを感じるようになります。〝何か大きなものの一部であると感じる〟

④身体感覚

Aweは、全身の感覚を刺激します。鳥肌が立ったり、背筋がぞくぞくしたり、口がぽかんと開いたり、涙があふれたりするのです。〝ぞくっとする！〟

これらの点が追加されたことは、研究において非常に重要なことです。

なお、4つ目の「身体感覚」については、Aweが物理的にどのように現れるのかを扱った次のセクションで取りあげます。身体感覚は、隠すことが難しいものです。鳥肌から、ぽかんと開いた口まで、あらゆる例について話していきましょう。

Aweは「音、体、表情」に現れる

「感動」という言葉自体はほとんどの言語に見られます。122か国のフェイスブックを調べると、「ワオ（wow）」を表す絵文字が膨大な数の人たちのあいだで使われているのがわかります。

Aweは、ほかの感情と同じように「音」や「表情」によって識別されます。怒っている人、悲しんでいる人、驚き、あきれている人のようすは、簡単に思い描くことができるのではないでしょうか。

私たちの顔は「心を映す鏡」と言われます。感情表現はほぼ万国共通のものであり、それらのうちいくつかは長いあいだ研究の対象になってきました。Aweという感情をより深く理解するためには、まずは「その感情の現れ方」を定義づけすることが必要でした。

その定義のもとになる解釈に大きく貢献したのが、「バークレー・ソーシャル・インタラクション・ラボ」です。彼らの業績はその後のＡｗｅ研究において不可欠なものとなり、Ａｗｅに関する多くの研究で、顔の分析が観察の重要な部分を占めるようになりました。

彼らはまた、グーグルやフェイスブック、ピクサーといった企業が「感情と表情の視覚化」を試みた際に専門家として招かれ、助言を行ったこともあります。Ａｗｅをスタイリッシュにぴたりと表した「ワオ（wow）」の絵文字は、そうした共同作業によって生まれたのです。

では、彼らはいったい何を発見したのでしょうか？

彼らは「Ａｗｅを表す音の表現」を集め、それらがどのように聞こえるのかを調べました。そして、Ａｗｅとほかの感情がどう異なるのかを示すために、「顔と体の変化」を分析し定義づけましたが、Ａｗｅはほかの感情とは、はっきり異なっていました。

ここでは、「Ａｗｅの現れ方」の３つの例を挙げてみましょう。

①音声表現

何百万年ものあいだ、人間は「言葉を用いない音声表現」を使ってきました。そうした短い〝音声〟は、「ボーカル・バースト」と呼ばれます。それらはほんの数秒で意味を伝え、私たちの感情をさらけ出します。しかも、たいてい意図せずとび出してくるので、ごまかしがききません。

では、Ａｗｅは、どのように聞こえるのでしょうか？

Ａｗｅは、「特有の音」をもっています。たとえば、「ああ」「おお」「うわあ」「わあ」といった音です。あなたもきっと耳にしたことがあるでしょう。「おお」の音には、大きく息を吸う音も含まれます。大げさに息を吸い込むのも、Ａｗｅの「聞こえ方」のひとつであると言えます。

研究者たちは、Ａｗｅが世界じゅうで同じように表現されるのかどうかも調べました。グローバル化した文化から、ブータンの奥地の小さな村までを対象に行った大規模な実験の結果からは、「ワオ」に似た響きの音声表現がＡｗｅと関連していることが明らかになったのです。

② 身体表現

お気に入りの音楽を聴いているとき、不意に涙があふれてくる。映画を見ているとき、群衆を前に呼びかける主人公の言葉に心を打たれ、腕の毛が逆立つ。たくさんの人と一緒にデモ行進をしているとき、背筋がぞくぞくする。あたたかな感覚が胸いっぱいに広がる。興奮して思わず前のめりになる……。これらは、体がＡｗｅを表現する方法です。

もっとも強烈な体の変化は、間違いなく「鳥肌」でしょう。そのため、多くの実験でＡｗｅの指標として「鳥肌」が用いられています。特殊なカメラを腕に取りつけ、皮膚を撮影します。そうすれば、画像が証明してくれるのです！

ある実験で、被験者に鳥肌が立つたびに記録をつけてもらったところ、ほとんどの場合は「寒さを感じたとき」でしたが、次に多かったのは「感動したとき」でした。

研究者のなかには、鳥肌が立つのは「恐怖を感じている」からだと言う人もいますが、ダッカー・ケルトナーは、より大きなものとの出会いや、他者との一体感からも鳥肌が立つのだから、プラスの要素も働いているのは明らかだと主張します。

研究者たちは、Ａｗｅを感じたときに前のめりになったり目を見開いたりするのは、新しい情報を得やすくするためだと考えています。これは、体験を解釈し理解しようとする「認知プロセス」の一部です。

呼吸が速くなったり、口が開いたりするのは、身体的な興奮を抑えようとする体の働きとも言えるでしょう。説明のつかないものに気をとられすぎると、正常な思考ができなくなります。そのため、呼吸をしたり口を開けたりすることで、思考活動を支えているのです。

③表情

感情は「顔」に表れます。しかし、Ａｗｅの場合、ほかのポジティブな感情とは違った現れ方をします。

Ａｗｅを体験しているとき、自分がどんな表情をしているか考えたことはあるでしょうか？　もっとも特徴的なのは、ポジティブな感情と切り離せないはずの「笑顔」がない点です。

幸せなときや楽しいとき、愛情や思いやりを感じているときに、笑顔にならない人などいないでしょう。ところが、Ａｗｅを体験している人は、口元がゆるみ、目は大きく開き、眉が上がります。口はぽかんと開き、目はゴルフボールのようになり、眉は額の生え際に届くほど上がるのです。たとえば、応援しているスポーツ選手が世界新記録を出すのを目の当たりにしたとき、多くの人はそういう表情をするでしょう。

Aweを表す表情はどこの国でもだいたい同じですが、インドの人々のように「口を開けて眉間にしわを寄せる」といった特徴的な表情をする場合もあります。

「サルの時代」からAweは存在していた

Aweという感情は、人類のもっとも遠い祖先であるサルの時代からあると考えられています。つまり、Aweの起源は数百万年前にさかのぼるのです。

サルが夜明け前に木のてっぺんに登り、朝日が顔を出すのを眺めながら、私たちと同じように鳥肌を立てていたなんて、考えたことがあるでしょうか?

Aweについての記述は、古代ギリシャ哲学のなかにも見られます。これは、あらゆる哲学がAweから始まっていることを意味しています。Aweという考え方はアリストテレスの著作に出てきますが、もとはプラトンに由来するようです。

当時、Ａｗｅとは、「人生に対する壮大な問いを肯定的に表現した言葉」でした。しかし歴史を通して見ると、Ａｗｅという言葉と感情は、とりわけ宗教と関係が深いのです。この言葉は、神に対する恐れと敬虔《けいけん》が入り混じった感情を表すのに用いられています。

主人公が恐ろしい神と対峙《たいじ》する宗教的な物語は数多く存在しますが、まさにそのように、より大きな力と出会うこと、人生観を変えてしまうほど衝撃的で圧倒される体験をすることを当時の人々はＡｗｅと表現しました。Ａｗｅとは、一種の恐れを含んだ、魅力的なものだったのです。

感動を表す英語「awe」の起源は、８００年代から１４００年代にさかのぼります。これは、恐れや不安を意味する、古代ノルウェー語の「agi」が語源です。

たとえば、１３００年代のイングランドの隠者で神秘主義ノリッジの神学者ジュリアンは、愛と恐れの両方からなる「神聖な感動」について記しています。そして教会が、その暗い意味合いを信者に広めました。しかし、１７００年代半ばになると、Ａｗｅはふたたび明るい意味合いを帯びることになります。

アイルランド生まれのイギリスの議員であり、哲学者のエドマンド・バークは、荘厳なもの、美しいもの、すばらしいものへの関心を通じて、「感動」の意味を劇的に変えました。バークは、「自然」は何よりも荘厳であり、見る者の心に強い影響を及ぼす力を秘めていると考えました。さらに、建築や芸術、詩、文学、音楽によっても同じような「感動」という状態が引き起こされると断言しました。

この情緒的で、広範にわたり、しかもポジティブな解釈は、新しい視点を生み出し、まもなく作家や芸術家に取り入れられました。超越した力、つまり人間の理解を超えるものとして、人々は自然を崇拝しはじめたのです。

18世紀末から19世紀前半のロマン主義は、長く続いたポジティブなＡｗｅの時代だと言えます。１８３６年、超絶主義者のひとりである思想家、作家のラルフ・ワルド・エマーソンは、森のなかでどれほど大きな影響を受けたかを記しています。

「地面に佇《たたず》み、果てしない大きなものに包まれて、澄んだ空気を感じていると、あさましい利己心はすべて消え去っていく。私は透き通った目になる。私は無になり、すべてが見える。ありとあらゆるものが、私を通って流れてゆく。私は神の一部、あるいは神の使者なのだ」

Ａｗｅは「ポジティブなもの」か「ネガティブなもの」か？

しかし、みなさんにもおそらくなじみのある、今日のＡｗｅの意味につながる概念が登場してくるのは、さらに１００年以上が経ってからです。それは、心理学者のアブラハム・マズローが１９５０年代に「至高体験（the peak experience）」を定義したときです。

そのなかで彼は、Ａｗｅの効果として「25種類の作用」を示しました。「時間や場所に縛られなくなる」「自己へのこだわりが薄れ、我を忘れる」「世界を、美しい善なるものととらえるようになる」「与えられたものを謙虚に受け入れる」「差別意識や衝突が減少する、あるいはなくなる」「楽しく幸せで敬虔な気持ちになる」といったことを挙げています。

宗教家や哲学者は何世紀にもわたって、Ａｗｅを徹底的に探究してきましたが、心理学の出現によってＡｗｅはしだいに忘れ去られていきました。関心がふたたび高まりはじめるのは、マズローのあと、半世紀を経てからです。

ダッカー・ケルトナーとジョナサン・ハイトによって、Ａｗｅについて書かれた書物がすべて調査・分析されたことで、Ａｗｅ研究は日の当たる場所に大きく近づきました。しかし彼らは、Ａｗｅが「ポジティブな体験」か「ネガティブな体験」かを区別していませんでした。

こうした歴史的な視点から見て気になるのは、Ａｗｅのなかに「恐怖」がどれくらい残っているかということでしょう。今日では、この分野の研究者の多くは、Ａｗｅ体験の20から25パーセントはネガティブなもの、つまり恐怖から生じると考えています。

研究者は、これを「Ａｗｅのダークサイド（the dark side of awe）」と呼んでいます。たとえば、ヒトラーのようなカリスマ的リーダーの言うことに従ったり、爆撃で破壊された土地を目にしたり、雷鳴の轟くなかに立ったりすることです。

Ａｗｅの〝影の部分〟を解明するため、感動と恐怖の組み合わせに関する研究が始まっています。ある研究によると、Ａｗｅの影の部分が、マイノリティの人々に対する差別的な発言等につながる可能性もあるといいます。

ラニ・シオタは、Ａｗｅを一貫して「ポジティブなもの」としてとらえています。シオタは、Ａｗｅはポジティブな刺激によって生み出されるものであって、（命を脅かす自然現象のような）恐怖を感じさせるものごとからは生み出されないと考える研究者のひとりです。

「恐怖があるなら、それはＡｗｅではない」とシオタは言います。およそ15年にわたる彼女の研究では、恐怖と感動が組み合わさったものはまったく見られなかったようです。

本書では、「ポジティブなＡｗｅ」に焦点を当てます。ひとつの理由は、スウェーデン語でＡｗｅを表す言葉は、とりわけポジティブな体験と結びついていること。もうひとつの理由は、ネガティブなＡｗｅの効果を示す研究が少ないことです。

多くの研究と同じように、本書でも有益で希望にあふれたＡｗｅの効果を伝えたいと考えています。

生きていくために必要な「感情」の研究

霧のかかったサンフランシスコでコーヒーを飲みながら、ラニ・シオタは私たちにこう言いました。

「Ａｗｅは〝ＧＵＣＣＩのバッグのようなもの〟と見なされてきました。つまり、余裕があるならもっていたいけど、必需品ではないという意味です。しかし、そうしたとらえ方では、感情がもたらす数々のメリットを正しく理解することはできないでしょう」

彼女によれば、「Ａｗｅという感情は贅沢《ぜいたく》品であり、もっと〝重要な〟ほかの感情を優先するために捨てられてもしかたがない」と考える研究者が多かったそうです。

しかし、Ａｗｅへの理解が深まるにつれ、その風潮が変わりはじめました。「Ａｗｅは、進化のなかで重要な役割を果たしたのではないか」と考える者が増えてきたのです。

ラニ・シオタは、「Ａｗｅという感情は、ほかの多くの感情と同じぐらい重要な機能をもっているのではないか」と述べています。これは、どういうことでしょうか？

感情のもっとも大事な役割は、「ある特定の状況下で、どのような行動をとるのが最善かについて、私たちにサインを送る」ことだと言えます。

たとえば、恐怖のおかげで私たちは「物理的な危機を回避する（あるいは危機から脱出する）」ことができますし、不快感は「不潔なものを避け、病気に感染するのを防ぐ」のを助けてくれます。また愛情は、異性と親密な関係を築き、子孫を残すのに役立ってきました。

これらは、私たちが生きていくために欠かせない能力であり、人類がこれまで種として生き残ってこられた理由でもあるのです。

交感神経系と副交感神経系が「緩慢」になる

では、Ａｗｅはどうでしょう？　Ａｗｅにも同じような役割があるのでしょうか？――あるかもしれません。先ほど述べたように、Ａｗｅは私たちを笑顔にさせる感情ではありません。それはつまり、Ａｗｅに社会的な関係や結びつきを形成する以外の機能があることを示唆しています。

シオタの考えも、このことにもとづいています。彼女は「革命」とも呼べるような発見をしました。

「交感神経系」と「副交感神経系」からなる中枢神経系は、全身の臓器に指示を出し、脳に情報を送り返します。先ほど説明したように、ある感情が喚起されると、私たちの体は「戦闘・逃走モード（交感神経系が活性化した状態）」か「休息・消化モード（副交感神経系が活性化した状態）」のどちらかになります。

ところが、Aweが喚起されたときは、まったく違った反応が起こるのです。

シオタは、Aweを体験した人の交感神経系と副交感神経系の心臓への働きが「緩慢」になることを発見しました。一定時間、両方の神経系が半停止の状態になり、「戦闘・逃走モード」と「休息・消化モード」が拮抗します。これは、普通ならけっして起こらないことです（唯一の例外は、オーガズムのあとです）。

笑顔にならないことと、両方の神経系が一定のあいだ「同一状態」になることから、シオタはひとつの結論を導き出しました。それは、Aweの本来の機能は、動きを起こすことではないということです。

感情はどれも、私たちを特定の人や物に向かわせる——つまり、私たちを動かしています。ですが、Aweの役割は、私たちを立ち止まらせ、一呼吸つかせることだとシオタは言います。

シオタは、最後にもうひとつ大事なことをつけ加えました。ふたつの神経系は、動いたり止まったりを繰り返すのではなく、どちらもつねに（多かれ少なかれ）動いている、ということです。

通常、交感神経系と副交感神経系は、一方が下がるともう一方が上がるというように、互いにバランスをとり合っています。しかし、Ａｗｅを体験したときは話が変わってくるのです。

Ａｗｅを体験した人は「脳」が変化する

シオタの研究と直接のかかわりはないものの、オランダの認知神経科学者であるミシェル・ヴァン・エルクも、Ａｗｅを体験した人の脳内で何が起こっているかを調べています。

彼は、「ｆＭＲＩ（磁気共鳴機能画像法）」を用いて、Ａｗｅを感じたときは基礎ネットワーク（自己中心的な思考や内省をつかさどる脳の領域）の働きが弱まることを発見しました。つまり、シオタが神経系で発見したのと同じく、脳の「小休止」が見られたのです。

以上をふまえると、Ａｗｅ体験によって、「神経系と脳の両方の働きが弱まる」と言えます。ラニ・シオタは、この現象を「自動マインドフルネス」と呼んでいます。

脳が静止状態にあるとき、私たちは何にアクセスしているのでしょう？　シオタは、Ａ

ｗｅが「新たな認知的思考を開く」と考えています。システムを一時停止することで、「脳の別の部分」にアクセスできるようになります。それはつまり、「思考回路を変えるチャンスが与えられた」ということです。

Ａｗｅ以外の感情が社会構築（愛）や生存（恐怖、怒り、嫌悪）に役立つものだとすれば、Ａｗｅは、疑問を抱き、新しい可能性を見出し、新たなものごとを発展させる機会を私たちに与える感情なのかもしれません。

Ａｗｅは私たちが知らないことに意識を向け、学習しようという動きをもたらします。あるいは、探査させようとします。

歴史的に考えると、人々を新しい発見に駆り立てたのはＡｗｅだったのではないでしょうか？　海や星座、地球の大きな謎に感動した人々が、まだ見ぬものを求めて大海原にこぎ出した可能性はおおいにあります。学者や知識人が地球は平らだと言っているのを知っていたにもかかわらず……。

これまで考えられてきた役割よりも大きかった

しかし、進化におけるＡｗｅの役割には、いくつかの説があります。

一部の研究者は、「Ａｗｅが思いやりを生み出した」と考えています。Ａｗｅによって、私たちはまわりに目を向けはじめ、他者に対して寛容になり、その社会的な効果によってグループや村といった集団に秩序が生まれ、種として発展し、生き延びることができたのだ、と。

また、「強いリーダーに対する尊敬や畏敬の念」を強調する研究者もいます。彼らは、カリスマ性を備えた人物に対するＡｗｅが、人々のあいだの社会的な結びつきをつくり出したと考えています。

さらにもうひとつの説は、「Ａｗｅが安全な場所を探して身を守るために、重要な役割を果たした」というものです。たとえば、人が高い場所でＡｗｅを感じるのは、周囲をぐるりと見わたせる高い場所にテントを張り、忍び寄ってくる敵や捕食者を見つけやすくするためだといいます。

いったい、Ａｗｅはどこまで私たちの本能とかかわっているのでしょう？

進化におけるＡｗｅの役割については、今後さらに詳しいことが明らかになっていくと考えられます。とはいえ、現時点でひとつ確かなことがあります。Ａｗｅは、これまで考えられていたよりもずっと、「私たちの進化の過程で大きな役割を果たした」ということです。

Ａｗｅは、単なる〝贅沢品〟などではないのです。その感覚が、どれほど贅沢なものであっても。

第2章

Aweの効果

「Awe体験」が私たちにもたらす変化

「Ａｗｅ体験」によって、人はどう変わるのか

この本を読み終えた自分を想像してみてください。きっと、星空を眺めながら「自分はいま、すごく癒やされてる」とか、「前よりも頭の回転が速くなってる」といったことを考えるようになっているでしょう。

Ａｗｅは独特の感情です。瞬間的には喜びを、長期的には健康をもたらしてくれます。一度の経験が、想像を超えるメリットを運んでくるのです。

Ａｗｅは何の見返りも求めません。必要なのは、ただ感じること。あとは流れに身を任せるだけでいいのです。大変な思いをする必要も、毎日決められた時間を確保する必要もありません。もちろん、お金もかかりません。

これまでお伝えしたように、Ａｗｅ体験をしている人は、健康で、ストレスが少なく、頭の回転が速く、創造力が豊かで、自己中心的な考え方はせず、思いやりがあり、他者に寛容なことが多いのです。

それだけでなく、余裕があふれ、環境に配慮した選択をします。そう、奇跡のような体

験は、そのときだけでは終わらないのです。

この章では、Ａｗｅという唯一無二の感情がどのように健康を促進するか、そして、どれほどの変化をもたらすかについて、みなさんにお伝えしましょう。

Aweの効果 1 健康になる

[課　題] ストレスと(悪い)生活習慣は、じわじわと続く炎症を引き起こし、その結果、全般的な健康状態の悪化や、2型糖尿病、心臓病、変形性関節症、アルツハイマー病の原因となる可能性があります。

[Awe効果] 炎症を抑え、迷走神経の働きを強めることで、病気に対抗できるようになります。

鮮やかな夕焼けや輝く虹には〝癒やしの力〟があります。それも、体内の炎症を抑えるという意味で。その可能性を示唆する研究は、じつはいくつもあります。

たとえば、ある実験では、200人の被験者に、喜び、Awe、共感、満足感、おもしろさ、愛情、誇らしさといったポジティブな感情を「一日のうちに何回経験したか」を報告してもらいました。

その上で、唾液《だえき》を採取してみると、ポジティブな感情、とくにＡｗｅをほかの人と比べて頻繁に経験していた人は、インターロイキン（ＩＬ－６）と呼ばれる「炎症性サイトカイン」の値がもっとも低いことがわかったのです。

炎症性サイトカインは「体内の炎症の度合い」を示すマーカーで、おおまかに説明すると、炎症性サイトカインの値が高いほど炎症が強く、値が低いほど炎症が弱いということになります。

サイトカインとは、体に「免疫系を活性化させるよう指示する」ホルモンのメッセンジャーです。体が攻撃されているときには、攻撃を受けている部分に細胞を誘導して活発に働きはじめます。通常、これが自分の体から得られる最良の手助けです。サイトカインは、感染症や病気から私たちを守っています。

一方、炎症性サイトカインの値がつねに高いのも、あまりいいことではありません。この値が高いということは、炎症が長く続くことを意味するからです。最近では、２型糖尿病や心臓病、変形性関節症やアルツハイマー病など、体内の炎症と関連しているとされる病気がますます多く報告されています。

この項の冒頭で紹介した実験を行ったのは、心理学准教授のジェニファー・ステラーと神経科学准教授のネハ・ジョン・ヘンダーソンです。

彼らの実験は、「ポジティブな感情が私たちの健康に与える影響」について、さらなる研究が進められるきっかけとなりました。

ステラーとヘンダーソンが示した「Ａｗｅを感じることで、健康的なサイトカインの値が生み出される」という事実をふまえると、自然のなかを散歩したり、音楽に聴き入ったり、芸術作品を眺めたりすることが「健康に直接影響する」のだと言えます。

前述の実験から、「Ａｗｅ」と「炎症」には密接な関係があるとわかりました。ですが、何が最初なのかを判断するのは非常に難しいのです。

Ａｗｅなどのポジティブな感情が、サイトカインの値を下げるのでしょうか？　それとも、サイトカインの値が低いと、人はポジティブな感情を抱くのでしょうか？

このことを明らかにするためには、さらに多くの実験が必要になります。こうした実験にはコストがかかり、高度な技術を要し、しかもさまざまな分野での共同作業が必要なため、まだまだ時間がかかる、というのがステラーとヘンダーソンの見解です。

健康に重要な「迷走神経」が活発になる

Aweを体験すると、ぞくぞくしたり、鳥肌が立ったり、胸の奥にあたたかいものが広がっていくような感覚を覚えます。ダッカー・ケルトナーによると、それは「迷走神経」が活発になっている証拠だといいます。

迷走神経が活発になるのは重要です。迷走神経に強いトーヌス［筋肉や血管の持続的な活動や緊張の程度］があれば、多くの場合でそれは「健康であること」を意味するからです。

「迷走神経って何？」「トーヌスって？」と思う人も多いかもしれませんから、もう少し詳しく説明しておきましょう。

「迷走神経」は体のなかでもっとも長い神経で、驚くほど多くの「神経線維」（なんと8万本！）が、脳と多くの重要な器官を結びつけています。

「迷走（Vagus）」はラテン語で「放浪者」という意味があり、その名のとおり、この神経は首から心臓、肺、胃、腸に至るまで全身に張りめぐらされています。ある意味では、

「コミュニケーションセンター」のようなものと言えるかもしれません。

迷走神経は、神経線維を介して体の状態をチェックし、脳に結果を報告しています。おもな仕事は、体内で起きていることの情報を集め、脈拍、呼吸、消化の機能を保つことです。

これまで、迷走神経について語られることはほとんどありませんでした。しかし最近の研究で、この神経が健康と深くかかわっていることが明らかになりました。

強く心が動くと「トーヌス」がよい影響を受ける

では、迷走神経は健康とどんな関係があるのでしょう？　そして、Ａｗｅとはどんなふうにかかわってくるのでしょう？

実は、全身に張りめぐらされたこの神経線維は、「抗炎症作用」に重要な役割を果たしているのです。迷走神経を刺激することで、「体内の炎症を劇的に抑えられる」ことがわかっています。

たとえば、かなり新しい研究分野として、「ニューロ・シューティカル（電子的神経調節）」と呼ばれるものがあります。これは、免疫系を調節する薬剤を開発することではなく、神経系を刺激して免疫系のさまざまな機能を自ら調節する方法を見つけることに焦点を当てたものです。

ここで、「トーヌス」について触れましょう。「迷走神経」には、トーヌスがあると言われています。トーヌスが高まれば健康状態はよくなり、トーヌスが弱まると体調も悪くなります。迷走神経をさまざまな方法で刺激することで、体をリラックスさせ、体内のストレスレベルを下げられるというのが研究者たちの考えです。

歌ったり、ヨガをしたり、瞑想したり、深呼吸をしたりすると、迷走神経のトーヌスは高まります。あるいは、冷たいシャワーを浴びたり、氷に穴をあけて水のなかで泳いだりするのも効果的だといわれています。

そして、Ａｗｅも効果的な方法のひとつです。ポジティブな感情と迷走神経の研究を長年続けてきたダッカー・ケルトナーは、音楽や芸術をはじめ、「何かに強く心を動かされるとき」、迷走神経のトーヌスはよい影響を受けると主張しています。

迷走神経は、健康にとって非常に重要なものです。だから健康でいたいのなら、まずは迷走神経を活性化させることを心がけるとよいでしょう。

Aweの効果 2 ストレスが軽減する

［課　　題］ストレスや不安や悩みのせいで、病気休暇をとる必要が出てきたり、慢性的な疲労につながったりする人が増えています。

［Awe効果］コルチゾールの分泌量が減り、ドーパミンの量が増えます。ストレスや不安感が軽減されます。

息をのむような絶景や美しい森の小道を目の前にしたときに感じる、高揚感と生き生きとした気持ちの効果は、科学的に解明されはじめています。

Ａｗｅがもたらすストレス軽減作用は、「コルチゾール」と「ドーパミン」というふたつのホルモンの値に大きく左右されます。コルチゾールはどれだけストレスを感じているかを表し、ドーパミンはどれだけリラックスしているか、落ち着いているかを表します。

ドーパミンは、快感や報酬系を活性化させる重要な神経伝達物質です。現代の精神疾患の治療法の多くは、ドーパミンの量を調節することに重点を置いています。

自然に触れるだけで「幸福感」がアップした

ある実験では、「心的外傷後ストレス障害（PTSD）」に苦しむ人々を対象に、あらかじめドーパミンとコルチゾールの値を測定してから、Aweを呼び起こすような自然体験をしてもらいました。すると、被験者のストレスレベルは20パーセントから30パーセントほど下がり、しかもその状態が1週間続いたのです。

加えて、ドーパミンの値が上がっていることも確認されました。被験者たちは、より心が穏やかになり、より安心して過ごせ、そして少しだけ社交的になれたのです。この画期的な実験については、第3章で詳しく触れます。

本書を執筆しているあいだにも、Aweの効果は少しずつ解明されています。とくに最近は、「血圧」「コルチゾール」「ドーパミン」の値に注目し、Awe体験がストレスによる不調を回復させるかどうかについての研究がさかんに行われています。

学生を対象とした実験もあります。何人かの学生に、「2週間、できるだけ自然に触れ、感じたことや体験したことを日記に書いてもらう」というものです。

参加した学生たちの唾液を採取してホルモンの量を調べたところ、自然に触れるなかで彼らがAweを感じ、幸福感を高めていたことがわかりました。被験者は「人生に対する満足度が上がった」と話しており、そのことはストレスの軽減やドーパミンの値の上昇にも反映されていました。

「待ち時間」に何を見るかでメンタルは変わる

Aweには「ストレス対策」以上の効果があります。つまり、まさに不安や悩みを抱えている状態のときに、あなたを助けてくれるということです。

研究者たちはある実験で、729人の被験者を「不安な」状態で待機させました。半分には「偽のIQテストの結果」を待たせ、残りの半分には、「プレゼンテーションのフィードバック」を待たせたのです。

待っているあいだに「美しい自然の映像」を見ていた被験者は、ほかの被験者よりもポジティブな感情が強くなっており、不安感が明らかに減っていました。

この実験をふまえると、学校のテストや病院の診断結果を待つ際、Ａｗｅが戦略的なツールになる可能性があります。生体組織検査［患者の体から病変部位の組織を採取し、病気の診断や病変の拡大の程度を調べる検査］や健康診断の結果を待つ時間は、本人だけでなく親族にも多大な不安をもたらします。今後の実験でより多くのデータが集まれば、待合室でテレビ番組の『プラネットアース』を見せる病院が増えていくかもしれません。

瞑想状態やフロー状態［集中力がもっとも高まった状態］になるのが困難な状況下では、Ａｗｅは非常に役に立ちます。きちんとした瞑想をするためには訓練が必要ですし、ストレスやプレッシャーを感じているときにフロー状態に入るのは難しいですが、Ａｗｅを感じることは誰にでもできるのですから。

Ａｗｅを体験すると「炎症」のレベルが下がる

「健康になる」の項目で書いたように、Ａｗｅによって「炎症を抑えられる」可能性があります。

ストレスとＡｗｅの関係は、およそ次のようなものです。「ストレスを感じると炎症のレベルが上がり、Ａｗｅ体験をすると炎症のレベルが下がる」

あらゆるポジティブな感情のなかで、サイトカインを抑えるのにつながるのはＡｗｅだけです。Ａｗｅを感じているときの神経系の反応は、不安な気持ちになったときのそれとは正反対です。ここにＡｗｅの可能性があります。Ａｗｅを体験して、ストレスを減らしましょう！

また、研究者のネハ・ジョン・ヘンダーソンは、「精神的ストレスを減らすことで、炎症を抑えられる」と指摘しています。「Ａｗｅは、ストレスに対する私たちの見方を変える」と彼女は言います。つまり、Ａｗｅを体験すると、それまで恐ろしかったものが、とるに足らないものに思えてくるのです。

Ａｗｅは、人生の〝サプリメント〟

とはいえ、ストレスや不安から解放されるのはけっして簡単ではありません。私たちが抱える問題は、ちょっと外に出て自然を眺めるだけで消え去るようなものではないのです。

しかし、「ストレスの軽減」という観点では、Ａｗｅは一定の効果を発揮します。何をしたらいいかわからないときの最初の一歩として、あるいは一種の〝サプリメント〟としてＡｗｅを活用してみてはいかがでしょうか。

Aweの効果

3

時間のゆとりを感じる

［課　　題］昔と比べて自由に使える時間がはるかに増えたにもかかわらず、私たちはつねに時間に追われています。

［Awe効果］いまこの瞬間を大切にし、時間のゆとりを感じることができます。

最近Ａｗｅを感じたときのことを、思い出してみてください。あなたはその経験に没頭していましたか？　時間はどのように流れていたでしょう？　時間が止まったように感じたのではないでしょうか？

数年前から研究者たちが調査しようと決めたこと、つまり、「Ａｗｅを感じると時間のとらえ方が変わる」ということを、あなたはすでに経験しているかもしれません。

調査は、Ａｗｅを感じた人が「いまこの瞬間」をより強く意識するようになったという、過去の研究結果からスタートしました。そして現在、調査はさらなる進展を見せ、研究者たちはＡｗｅに「時間のゆとりを感じさせ、忍耐強くさせる効果」もあることを示そうとしています。

研究者たちはまず、人が「時間のゆとり」を認識する際のＡｗｅの効果を調べました。その実験内容とは、「63人の学生に、1分間のＣＭを見せる」というものです。

あるグループは、滝やクジラや宇宙といったＡｗｅを呼び起こす映像、もうひとつのグループは、お祭りのパレードのような「高揚感」と関連する映像を見てもらいました。

その後、両グループの学生に、自分の時間のゆとりについてのアンケートに回答してもらいました。すると、おもしろい結果が出たのです。

前者「Ａｗｅグループ」のほとんどが「自分には時間のゆとりがある」と考えており、一方、後者「高揚感グループ」はその反対だったのです。

別の実験では、「Ａｗｅを感じると、人は忍耐強くなるのかどうか」が調査されました。86人の学生を集め、半分には「Ａｗｅを感じた経験」、もう半分には「幸せや喜びを感じた経験」について紙に書いてもらいます。それから、「その経験をしているときに感じたこと」をアンケート用紙に記入してもらいました。

Ａｗｅについて書いた学生には共通点が見られ、「忍耐力が強くなったように感じた」というポジティブな結果が現れました。しかも、これらの学生は、積極的に実験にかかわってくれました（99ページの「思いやりの気持ちが強くなる」の項で詳しく述べます）。

以上のふたつの実験から、人はＡｗｅによって「時間のゆとりを感じる」という仮説が実証されました。もしかしたら、Ａｗｅは時間的なストレスを癒やす治療薬になりうるかもしれません。しかも、副作用はまったくなしで。

スクリーンセーバーの写真を変えるだけでもいい

Ａｗｅのいいところは、いまこの瞬間に引き寄せられる感覚であるということです。あなたは、未来にも過去にも存在することはできません。

Ａｗｅは、あなたがその瞬間に存在することを求めるものであり、いわばそれこそがＡｗｅの可能性だと言えます。とつぜん、時間がゆったりと流れているように感じられ、切羽詰まったような感覚がなくなり、視界が開けるのです。

時間の研究にかかわるメラニー・ラッド准教授に話を聞いたところ、彼女は純粋な好奇心からこの研究を続けていると言いました。

ラッド准教授はいつも時間に追われ、私たちと同じように疲弊していました。Ａｗｅの「ポジティブな効果」についての知識をもってはいましたが、大自然を求めてドアの外に出ることはできなかったのです。

しかし、ラッド准教授は妥協点を見つけました。現在、彼女のコンピューターのスクリーンセーバーには、「美しい自然の画像」が映し出されています。

時間的なプレッシャーを減らす方法を見つけられれば、あなた自身の幸せのためによりよい判断ができるようになるでしょう。時間的ストレスやプレッシャーは、受け身な行動や不健康な習慣につながりかねません。また、他者に共感できなくなり、人間関係がうまく築けなくなる危険もあります。

一般的に、「ストレスを感じているとき」の私たちの人生の満足度は低いと言われています。しかし、「時間を増やすこと」はできなくとも、Ａｗｅによって「時間に対する認識を変えること」はできるのです。

Aweの効果 4 頭の回転が速くなる

［課　　題］私たちは膨大な量の情報にアクセスする機会があるにもかかわらず、古い知識と経験に頼りたいと思っています。

［Awe効果］脳の働きがよくなります。事実を批判的に見る目が備わり、新たな情報を取り入れられるようになります。

「ポジティブな感情」は、情報を受け取り、処理し、それにもとづいて考え行動するという一連の流れに大きな影響を与えます。

1990年代後半に行われたある実験では、経験豊富な医師たちに、架空の患者を診断してもらいました。医師は3つのグループに分けられました。

ひとつ目のグループには、事前に科学雑誌を読んで準備してもらい、ふたつ目のグループにはポジティブな気持ちになるような体験をしてもらいました。3つ目のグループは対照群［科学的な対照実験で、実験条件にさらされないグループのこと］として、何もせずに参加してもらいました。

さて、もっとも速く、正確な診断をしたのはどのグループだったでしょうか？

そう、答えは、ふたつ目の「ポジティブな気持ちになるような体験をしたグループ」の医師たちでした。彼らはほかのグループと比べ、2倍の創造力と2倍の診断の速さを発揮したのです。

なんとも興味深い結果でしょう。ちなみに「ポジティブな気持ちになるような体験」といっても、「実験が終わったらキャンディの入った袋をあげる」と約束しただけなのです。

この発見に続いて、いくつかの同様の結果が得られ、ポジティブ心理学のもっとも画期的な理論のひとつである「拡張―形成（Broaden-and-build）」への道が開けました。

この理論「拡張―形成」は、ネガティブな感情は自分の存在を見えなくし、行動範囲を狭め、まるでトンネルのなかにいるような狭い視野しか与えないという考えから来ています。

ひどく怯《おび》えたり、怒ったりしているとき、私たちは「逃走」や「戦い」という手段をとります。たとえば、火災報知機が鳴ったとたん、考える前に家から飛び出すといった行動がその一例です。

一方で「ポジティブな感情」は、私たちに好奇心をもって行動させ、外へと向かわせ、あらゆる選択肢を見るチャンスを与えてくれます。ポジティブな感情は「視野を広げる」のです。新しいことに挑戦すれば、新しい知識を得て、新しいリソースを構築できます。つまり、のちの人生に役立つ多くのことを学べるのです。

アインシュタインもAweの効果を語っていた

Aweは、学習能力を高め、私たちを少し賢くしてくれる特別な感情です。探究や発明、新しい生活への試み、新しい知識や経験を手に入れたいという、私たちの欲求の背後には、つねにAweがあります。Aweがあるからこそ、私たちは未知のものに意識を向け、知識の隙間を埋めていくことができるのです。

「知識の隙間を埋める」ために私たちがよく利用するのが「科学」です。物理学者のアルバート・アインシュタインも、天文学者で天体物理学者のカール・セーガンも、「Ａｗｅは科学的な答えを求める動機になる」と主張していました。彼らの主張が正しかったことが証明されたのは、つい最近のことです。

研究者たちは、幼少期の学習でＡｗｅが大きな役割を担う分野は「科学」だと考えています。Ａｗｅという感覚は、科学的な説明を求め、探求心をかき立てるという点で独特であり、新しい精神構造を学んだり、形成したりするための「認知能力」に影響を与えるといいます。

長いあいだ、Ａｗｅは宗教的でスピリチュアルな感情と考えられてきましたが、いまでは反対に、私たちの科学的な理解を深めるものだと明らかになりました。Ａｗｅは、世界を科学的に説明しようとする意欲を湧き立たせてくれるのです。

Ａｗｅを経験すると「先入観」にとらわれなくなる

さて、ひとまず「拡張─形成」理論の話に戻りましょう。

簡単に言えば、脳はスキーマ［過去の経験や外部の環境に関する構造化された知識の集合。できごと、行為、事物などについての一般的知識」や精神構造に情報を貯蔵しています。

膨大な量の情報をできるだけ早く処理するために、脳は「パターン」を探します。過去に蓄積された経験や知識を使って、いま経験していることを理解するためのパーツを組み立てるのです。

椅子がどんな形をしていようとも、脳は椅子というものの一般的なイメージをもっています。あなたも、椅子を見たとき、「テーブルと関係がある、座るためのもの」と認識するでしょう。それは、あなたが椅子に関連して経験してきたことをもとにして、脳がそう判断しているからです。

あるいは、医者と向かい合っている自分をイメージしてみてください。あなたはリラックスしているでしょうか？　それとも、緊張しているでしょうか？

脳は、「自分の過去の経験」だけでなく、「世間一般の認識」にも多大な影響を受けます。しかし、Ａｗｅを経験すると、より慎重に、より細部に注目して、先入観にとらわれることなく情報を取り込めるようになるのです。

実験でわかった「注意深い人」と「不注意な人」の違い

「ザ・ロマンティック・ディナー」と呼ばれる実験で、実験前にＡｗｅを経験した被験者は、経験していない被験者よりも「正確に状況を把握できる」ことがわかりました。Ａｗｅを経験した被験者は、「先入観にとらわれることがなかった」のです。

この実験では、被験者にまず、ロマンティックなディナーの映像を見せ、「その映像にどんなものが出てきたか」答えてもらいました。

Ａｗｅを経験したグループは、テーブルの上にキャンドルが置かれていないことに気がつきました。ロマンティックなディナーの席では、キャンドルは当然のように置かれているものですが、映像では「引っかけ」のためにあえてキャンドルを置かなかったのです。

しかし、Ａｗｅを経験していないグループの大半は、先入観にとらわれて「キャンドルがあった」と答えてしまいました。

別の実験でも、Ａｗｅを経験したグループが「注意深い行動」をとったのに対し、高揚感などのポジティブな感情を経験したグループのほうは、「不注意な行動」が目立ちました。

Ａｗｅの何が人を注意深くするのかについては、まだはっきりとはわかっていません。

しかし、ラニ・シオタをはじめとする多くの研究者は、「Ａｗｅを感じているときに、脳が一種の半停止状態（一瞬休んでいる状態）になるからではないか」と考えています。

先にも述べたように、半停止状態では脳の基本的なネットワークの活動量が低下します。その一瞬の隙間に、まったく新しい情報が入り込むのです。

Aweの効果 5 創造力が豊かになる

［課　題］ストレスと習慣の両方が、創造性を妨げます。

［Awe効果］好奇心旺盛で解決志向になり、より多くの可能性や選択肢に目がいくようになります。

何か理解できないものに圧倒されたとき、それについてもっと知りたいと思うのは自然な反応です。それは、すべての子どもが何度も何度も、「なぜ」と問いかけるもとになっています。

子どもたちを見ていると、人間が何かに興味をもち、答えを求め、発見し、探求する流れがはっきりとわかります。私たちは進化の道のりのなかで、起伏のある風景や、そびえたつ山々にＡｗｅを感じてきました。Ａｗｅは私たちの好奇心を刺激し、もっと知りたいという気持ちにさせます。

Aweは、「自分の理解が追いつかないもの」が必ずしも危険や脅威ではないと教えてくれます。答えをすぐに出す必要はなく、もっと多くの情報が得られるまで放っておいてもいい、と。

Aweのこうした独特な性質のおかげで、人は積極的に学ぶようになり、既存の知識に頼ることも減ります。好奇心旺盛になり、もっと知りたい、発見したい、探究したい、挑戦したいと思うようになるのです。

最新の研究によって、Aweと好奇心の関係が明らかになりました。楽しみ、満足、Awe、思いやり、喜び、誇らしさといったポジティブな感情のなかでも、Aweはとくに「好奇心」と密接な関係があります。さらに、Aweをよく経験する人は好奇心が強く、学校の成績もよいことがわかったのです。

Aweは「創造力」とも関連しています。Aweを経験することが多いアメリカ、イラン、マレーシアの人々はとくに、自分たちの創造力と問題解決能力に自信をもっています。

ある実験によると、映画や写真を見てAweを体験した人は、「型にはまらない考え」

や「独創的なアイデア」を生み出しやすい傾向にありました。
Ａｗｅはまた、流動性、柔軟性、アイデアを発展させる能力など、クリエイティブな要素に影響を与えることがわかっています。

アルプス山脈で行った「おやつの実験」

研究者のメラニー・ラッド准教授は、「私たちの創作意欲をかきたてるものは何か」を調査しました。研究によって、Ａｗｅが「時間のとらえ方を変える」という結果をすでに手にしていた彼女は、Ａｗｅが創造欲求の源になっているのではないかと仮説を立てました。

山に囲まれて育った彼女は、山々がどれほどＡｗｅを呼び起こすかをよく知っています。そこで、スイスのアルプス山脈で、実験をすることにしました。

ひとつの被験者グループは、ふもとのケーブルカーのそばに待機し、別のグループは頂上に連れていかれました。そして両方の場所で、被験者たちに「おやつ」が配られます。

おやつはナッツとドライフルーツで、被験者たちは「すでにミックスされた既製品」か、「自分でミックスする」かを選ばされました。

はたして、頂上のグループの人たちは、自分でミックスしたいという意欲が高まるのでしょうか――つまり、Ａｗｅは創作意欲を高めるのでしょうか？

同時に、参加者の学習意欲が高まるかどうかをすばやく確認するために、ラッド准教授とチームのメンバーは、トレッキングのパンフレットを彼らの前に置きました。

さて、それからどうなったでしょう？

結果的に、「Ａｗｅを感じた参加者」は、熱心におやつをミックスしていました。材料はヘーゼルナッツ、レーズン、アプリコットの3種類しかなかったのに、彼らは既製品ではなく自分で交ぜるほうを選んだのです。しかも、このグループのメンバーは、観光パンフレットを積極的に読み、まわりの環境についても学ぼうとしました。

一方、「ふもとで待機していたグループ」は正反対の行動をとりました。

この実験でわかったのは、Ａｗｅを感じた人は「新しいことを学びたい」と思うようになる、つまり「創造欲求」が生まれるということです。

Aweの効果 6 自己中心的な意識が薄らぐ

［課　題］行き詰まったとき、私たちは狭い視点でしかものごとをとらえられなくなります。そうすると、人生がますます〝私〟中心になってしまいます。

［Awe効果］精神的な休息を得られます。自分のことだけにとらわれなくなり、世界観が広がります。

「私、みんなからどう思われてるの？」「あの人たち、どうして私にあんなことを言ったの？」「私、太ったのかな？」「私、どうしてあんなことを言っちゃったんだろう？」

こんなふうに、思考のループから抜け出せなくなってしまい、ぐるぐると考えつづけたことはないでしょうか？

それによって自分には価値がないと感じたり、悲しくなったり、不安になったりしたことがあるかもしれません。それはまったく普通のことで、人間であるという証拠の一部なのです。

自分にばかりとらわれ、なんでもほかと比較してしまう考え方には、生物学的な理由があります。特定の作業に集中していないときに、脳はいわゆる「デフォルトモード」と呼ばれる状態になります。このとき思考は迷走し、すでに起こったこと、これから起こること、これから起こるかもしれないことについて考えるのです。

脳が「デフォルトモード」に陥ってしまったら

脳がたびたび「他者の考えや感じ方にとらわれる」ことについては、進化の面から説明ができます。

初期の人類にとっては、「生き残るため」に相手を知り、比較し、追跡することが非常に重要でした。その時代の人類は、動物や敵対する部族から身を守るために、いまよりも互いに依存していました。何が待ち受けているのか？　現代社会では、物理的な脅威は減ったものの、脳の働きや反応は変わらずに残っています。

そしていま、この脳の働きや反応は、ソーシャルメディアがもたらした「パフォーマンス」と「比較する文化」によって、かなり肥大化しています。脳のデフォルトモードは、自分がほかの人からどう見られ、どう判断されるかを調整するために、絶えず働くのです。

自分を省みたり、まわりに合わせて自分を調整したりする時間は大事ですが、あまりに自分中心になってしまうと、「不安」や「恐怖」をもとに決定を下すようになります。すると視野が狭まり、他者を受け入れられなくなってしまいます。行きすぎた内省は、エゴを肥大化させるのです。

私たちは、ストレスを感じると自己中心的な考え方にとらわれてしまいますし、考えがあちこちさまよっているときは幸福度が下がります。研究によると、うつ病の人はそうではない人に比べて脳がデフォルトモードに陥りやすく、好奇心旺盛な探究モードになりにくいといいます。

また、「瞑想」を習慣的に行っている人は、集中力を高めてデフォルトモードから抜け出せることもわかりました。そしてＡｗｅも、デフォルトモードから抜け出す効果的なツールなのです。

Aweが「気分の落ち込み」から救ってくれる

エゴは、「デフォルト・モード・ネットワーク」と呼ばれる脳の領域に物理的に存在します。空想するときや、集中して取り組む特定のタスクがないとき、デフォルト・モード・ネットワークは活発になります。すると、エネルギーが内側に向かい、昔のできごとを振り返ったり、自分自身のことをあれこれ考えたりしてしまいます。

先に触れたように、脳がデフォルトモードになると、私たちは「自分中心」に考えるようになり、結果的に気分が落ち込むこともあります。

それでも、デフォルト・モード・ネットワークは私たちにとって欠かせないものです。これがないと、ソーシャルナラティブ［目に見えないルールや対人関係を文章化し、構造化させること］や認知カップリング［知覚と行動と思考は相互に影響を与えながら変化するという考え方］が非常に難しくなります。

つまり、まわりの世界や人間を理解するのが難しくなるのです。デフォルト・モード・ネットワークがあるからこそ、私たちは他者の感情を理解したり、共感したり、誰かの行動の善悪を判断したりできるということです。

また、このネットワークには、私たちの「記憶」を定着させる機能もあります。ネガティブな思考の渦に飲み込まれないよう気をつければ、デフォルト・モード・ネットワークの数々の恩恵を受けられるでしょう。

もし、脳のデフォルトモードを抜け出して自分の心をコントロールしたければ、他人と自分を無理に比べたり、自分について必要以上に深掘りしたりするのをやめてみましょう。Ａｗｅを感じれば、それができるはずです。

神経科学者によれば、Ａｗｅはひと息つくきっかけを与えてくれる、つまりデフォルトモードから脱却する力を与えてくれるといいます。

瞑想やマインドフルネスと同じ効果を生む

第１章で紹介したオランダの認知神経科学者、ミシェル・ヴァン・エルクの研究のなかに、「ブレインマッピング」を活用したものがあります。ｆＭＲＩを用いて人の脳をスキャンし、Ａｗｅが脳のどこで、どのように生じるのかを調査したのです。すると、Ａｗｅによってデフォルトモードの状態が抑えられているのが確認できました。Ａｗｅを感じているときは、ネガティブな思考の渦から解放されるということです。

これは、Ａｗｅを経験したときに「一瞬、我を忘れた」と多くの人が言う理由でもあります。

Ａｗｅを経験しているときは、すべてが静止します。自己注目〔自己に注意を向けやすい特性〕が弱まり、外に目が向くようになります。他者との結びつきを感じ、自分は世界の一部であると感じられるようになるのです。

これらは瞑想やマインドフルネスと同じ効果と言えます。ネガティブな考えに負けそうなとき、瞑想やマインドフルネスに取り組むのもいいですが、Ａｗｅを感じるものを探すのも有効な手段なのです。

Aweの効果

7 思いやりの気持ちが強くなる

［課　題］　現代社会では、個人主義が広がっています。共通の利益のために分かち合ったり、戦ったりする意欲が低下しています。

［Awe効果］　外に気持ちが向きます。親切になり、共感力が強くなります。

心理学の用語では、他者のために何かをすること、つまり他者を助けようとすることを「向社会的行動」と呼びます。向社会的行動は、Ａｗｅによって得られる効果のひとつです。向社会的行動をとることが多い人とは、わかりやすく言えば「優しい人」ということになります。

心理学の准教授であるポール・ピフによると、Ａｗｅを感じた人は——そのきっかけがスピリチュアルなものであれ、科学であれ、芸術であれ、自然であれ——自分に対する関心が低くなり、代わりに外に目を向けるようになるといいます。

Ａｗｅという圧倒的で強烈な感覚は、私たちをちっぽけで、何か大きなものの一部だと感じさせるとピフは主張します。彼の実験の被験者は口々にこう述べます。「自分よりも大きなものの存在を感じた」「大きな全体の一部であると感じた」「自分が気にかけていた日々のできごとは、たいしたことではないと思った」……。

Ａｗｅは、私たちの意識を自分だけでなく「共通の利益」に向かせ、親密さ、つながり、そして責任といった感覚を生み出すのです。私たちの祖先がグループ全体を気にかけ、互いの生存に責任をもっていたことには、Ａｗｅが関係している可能性があります。

数年前、ピフは、人々の「寛大さ」の傾向を調べる実験を行いました。本書の冒頭で紹介したユーカリの木の話を覚えているでしょうか？　彼はそれと同じ実験のなかで、１５９９人の被験者に、あるゲームをしてもらいました。そのゲームでは、被験者たちが他者に対してどれほど寛大かを確かめることができます。結果、Ａｗｅを感じることが多い被験者は、ほかの被験者に比べて「明らかに寛大である」ことがわかったのです。

ピフはほかにもいくつかの方法で、被験者の寛大さを測定しましたが、「Ａｗｅを体験する頻度が高い人は、そうでない人より寛大である」という結果がくつがえることはありませんでした。

では、Ａｗｅは人の行動に直接的な影響を与えるのでしょうか？

ある実験では、まず被験者に「Ａｗｅを感じたできごと」を思い出してもらい、それから倫理観を測るテストを受けてもらいました。

この実験の被験者たちは、Ａｗｅの思い出を振り返ったことで、利己心から解放され、自分が何か壮大なものとつながっているような感覚を覚えたと語っています。その後の分析で、倫理的な判断や行動に影響を与えるのは「自分は小さな存在だ」という感覚であることが証明されました。

Ａｗｅを呼び起こすように設計されている「寺院」

Ａｗｅ研究のほとんどはアメリカで行われており、被験者の多くもアメリカ人です。だからここで、Ａｗｅ体験の普遍性を知ってもらうために、中国の研究を紹介しましょう。

中国の人々に「いつ、どこで、Ａｗｅを感じましたか」と尋ねると、「寺院」という答えがよく返ってきます。神々に対する僧侶たちの畏敬の念のためでしょうか？　——研究者たちによると、理由はそれだけではないといいます。

中国の研究者たちは、ポール・ピフと同じように、「Ａｗｅが向社会的行動につながる」という過去の研究結果に目を向けました。

教会と同じように、道教の寺院には、貧困に苦しむ人々を救済する施設としての役割がありました。長い歴史のなかで、飢饉《ききん》や自然災害が起こるたびに、僧たちは家を失った人に住む場所を提供し、支援を行ってきました。

研究者は、僧たちが困っている人を助けることに熱心だったのは、彼らの家である「寺院」がＡｗｅを呼び起こすように設計されているからだと確信し、Ａｗｅと人助けのあいだに科学的なつながりがあるかどうかを調べることにしました。

実験に参加したのは、中国の広東省にある大学の学生３３４７人です。結果的に、〝Ａｗｅを感じる能力〟の高い中国人の若者も、向社会的行動をとる傾向があることが示されました。つまり、決断する前に相手のことをよく考え、相手を傷つけないように行動し、相手の利益を守ろうとしたのです。

さらに興味深かったのは、そうした学生たちが、ほかの被験者よりも「時間にゆとりを感じ、人生を前向きに考え、タスクを与えられたときにはより広い視野をもって取り組んでいる」ように見えたことです。

これらの実験結果をふまえると、Ａｗｅは「人を優しくする」と言っていいでしょう。若者の「ソーシャル・マインドフルネス」（他者のことを考えたうえで、決断し、行動する度合い）を高めるために、Ａｗｅを感じる能力を育む授業を取り入れるのもいいかもしれません。

「その感覚」を誰かと分かち合いたくなる

Ａｗｅと時間の認識に関して言うと、Ａｗｅによって時間にゆとりを感じている被験者は、「与える」ことに対して積極的であることもわかりました。つまり、慈善活動をしたり、他者に親切にしたりすることが増えたのです。

ほかにも、被験者に雄大な景色を見せたあと、「もし宝くじに当たったらどうするか」と尋ねるという実験があります。その結果、被験者からは「友人や家族と分ける」「慈善団体に寄付したい」といった回答が返ってきました。前述したいくつかの実験と同じように、この実験も、私たちがＡｗｅによって「優しくなる」ことを示唆しています。

とはいえ、研究というものが完全に一面的な結果を示すことはめったにありません。ある実験では、Ａｗｅを感じた被験者は、他者に対して寛容になったものの、自然災害の被災者に食料や衣類、金銭、血液を寄付する意欲は高まりませんでした。

近年では、「Ａｗｅの伝播《でんぱ》性」についての研究がさかんに行われています。ポール・ピフは、「Ａｗｅは伝播する」と主張しています。

ピフは、Ａｗｅを感じた人は「その感覚を他者と分かち合いたくなる」と言います。すばらしい景色の写真をインターネット上で共有する人が多いのもそのためだと。もしかしたらＡｗｅは、「他者と分かち合いたい」という感情を刺激し、人と人をつなぐ手段のひとつなのかもしれません。

Ａｗｅを感じると人は優しくなります。コンピューターで対戦ゲームをしている最中にＡｗｅを感じた人は、とたんに攻撃性が低下するというデータもあります。

人生は不思議なもので、良好な人間関係を築き、ポジティブに考え、他者に親切にすることが、自分自身の幸せにつながる最短ルートになるのです。

Aweの効果

8

満足度が高くなる

［課　題］私たちは、いろいろなことに手を出し、何もかも手に入れようとしますが、心から満足することはほとんどありません。

［Awe効果］自己中心的な考えから解放されます。自分を客観視し、いまあるものに感謝できるようになります。

Ａｗｅに関する数々の実験のなかで、被験者の「人生に対する満足度が高くなった」ことが示されています。ほんの少しのＡｗｅであっても、人生に大きなエネルギーを与えてくれるのです。

ある学生のグループに、２週間にわたって日記をつけてもらい、「Ａｗｅを感じた経験」について書いてもらったところ、平均して3日に一度のペースでＡｗｅを経験していることがわかりました。

深夜の街角で音楽を耳にしたとき、正義のために立ち上がる人々の姿を目にしたとき、紅葉した葉っぱが日の光のなかで舞うのを目にしたとき……。内容はさまざまで、どれもちょっとしたことです。

そして、この実験でもっとも注目すべき点は、Ａｗｅの効果が数日間、場合によっては数週間も続いたということなのです。

あなたも、日常のなかにＡｗｅを取り入れてみましょう。ほんの少し意識を変えるだけで、驚くような効果を実感できるはずです。

ある研究チームは、「Ａｗｅを感じる能力の高い人」の精神状態と人生観について調査しました。その結果、Ａｗｅを感じやすい人は、そうでない人よりも幸せを感じていて、お金や物への執着が弱いことがわかりました。

「物」よりも「体験」を選ぶようになる

被験者に「すてきな物」が欲しいか、あるいは「すてきな体験」をしたいかを尋ねた実験があります。

まず、ひとつの被験者グループに、エッフェル塔についての物語を読んでもらいます。エッフェル塔は、すばらしいパノラマを望めることで有名です。そのグループは、エッフェル塔について想像することで、一種のAweを体験しました。

そして、もうひとつのグループには、ごく平凡で退屈な物語を読んでもらいました。

その後、全員に参加のお礼として、「すてきな物（500クローナ〔約6500円〕のバッグ）」か、「すてきな体験（500クローナ分のiTunesのギフトカード）」のどちらが欲しいかを尋ねました。

その結果、エッフェル塔の物語を読んだ人たちは、もう一方のグループと比べて、ギフトカードを選ぶ割合がはるかに高かったのです。つまりAweは、物質主義の弊害を防ぐワクチンのようなものだと言えるのかもしれません。

Aweの効果 9

環境に優しい選択をする

［課　　題］環境目標を達成するためには、自分の行動を変えなくてはなりません。

［Awe効果］環境に優しい消費を促します。環境に配慮した商品を購入するようになります。

Ａｗｅが私たちの消費行動にどう影響するかについては、いまだ未知数の部分が少なくありません。しかし、少しずつ進んでいる研究は、明るい傾向を示しています。

Ａｗｅは自己中心的な意識を薄くさせ、向社会的行動への意欲を高めます。つまり、お互いのこと、そして地球のことを考えて行動するようになるのです。

すでに述べたとおり、私たちはＡｗｅによって時間のゆとりを感じるようになり、その結果として、物質そのものよりも、それによってどんな体験ができるかという視点で製品を選ぶようになります。それは、環境に優しい行動だと言っていいでしょう。

上海交通大学の研究者は、「Ａｗｅを感じているときの精神状態」と「通常の精神状態」とを比較しました。それによって、Ａｗｅが私たちに「自然に対する責任」を感じさせ、環境に優しい消費を促すことが明らかになりました。

Ａｗｅ体験をした人は、自己中心的な考えから解放されます。「私」ではなく、自然を含めた「私たち」の視点から、より環境に配慮した選択をしようとするのです。

第3章

Aweの源

さまざまなものが与えてくれる恩恵

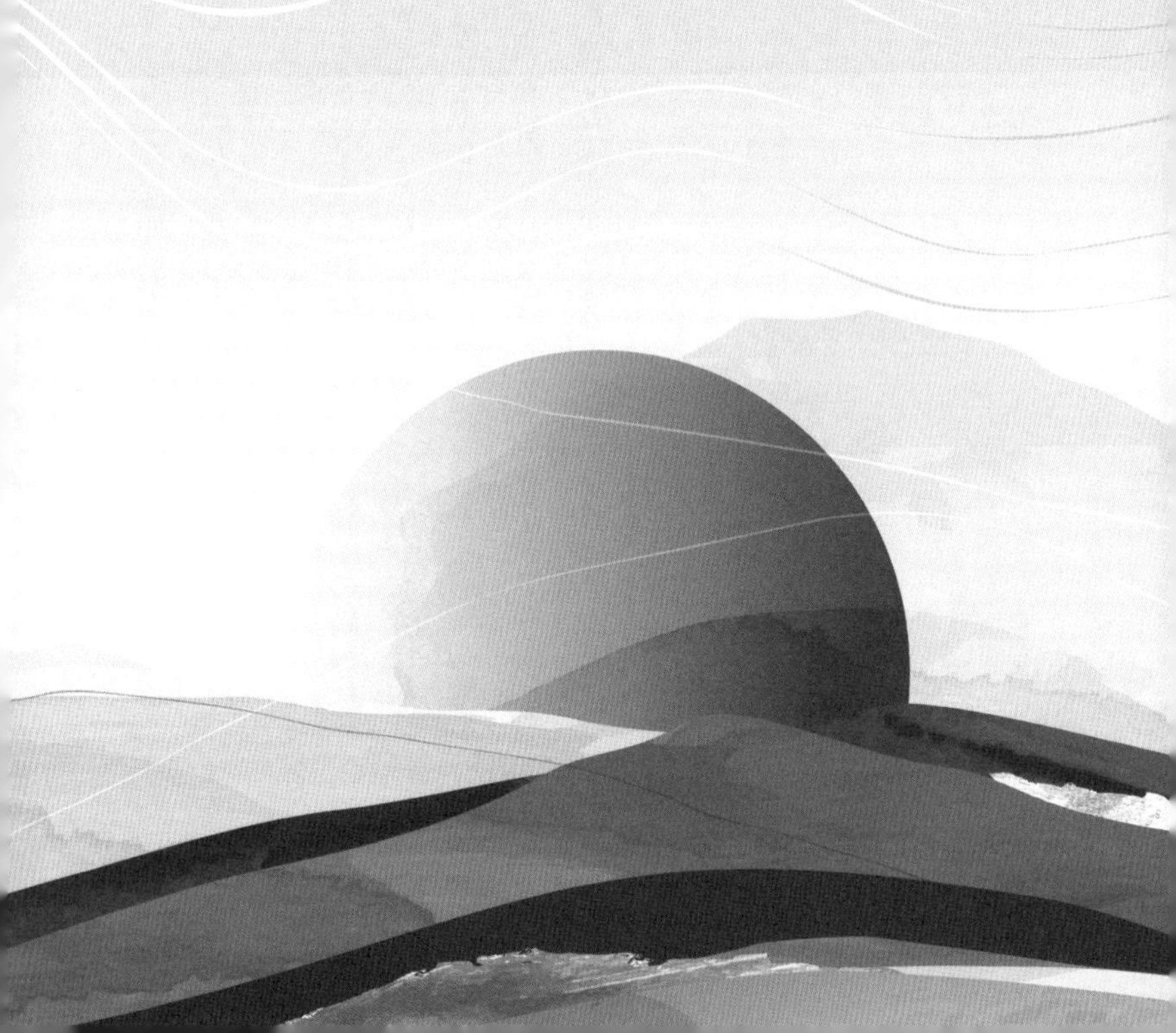

Aweの源 自然

「自然のなかを歩くだけ」で癒やされるのは本当だった

木々のあいだに足を踏み入れると、穏やかな気持ちと静かな高揚感で満たされます。感覚が研ぎ澄まされ、思考がクリアになります。やわらかな香りが、すべてを忘れさせてくれます。日々のストレスが消え、自分のなかに生き生きとしたものを感じるようになります。

それは、自然から得られる最高の恩恵です。

自然のなかにいても、日々の悩みや心配事が完全に消えるわけではありません。しかし多くの人が、森や野原、広大な海やどこまでも続く浜辺にいると、安心したり、慰められたりすると語ります。まるで、自然が私たちを守ってくれているかのように。

Ａｗｅの調査を始めたばかりのとき、私たちのインスタグラムのアカウント（@theaweeffect）に、ある女性からメッセージが届きました。そこには、私たちが語るＡｗｅの意味がよくわからない、と書いてありました。

しかし、のちほど取りあげるベン・ペイジとの散歩の話や、森の癒やしの力について説明すると、「そのとおりです」と納得してくれました。

彼女は、自分の身の上話をしてくれました。３歳の子どもが重い病気にかかったこと、検査や治療のために何か月も病院に通ったこと、今後どうするかについて医者の連絡を待っているところだということ。

彼女はこう続けました。「先がまったく見えず、涙と絶望が唯一の友人のようになったとき、思わず森に逃げ込みました。そしたら、穏やかさが体のなかに入ってきて……呼吸が楽になったんです」

多くの人が〝本能的に〟森や大地を求め、苦しみをやわらげたり、安らぎや人生の意味を見つけたりしようとしています。

自然のなかに戻るたびに、体は「修復状態」に入ります。木々や苔《こけ》や鳥のさえずり、海や波のさざめきに囲まれていると、体は安心するのです。「癒やしと安らぎモード」に入ると、体は免疫システムの改善、再生産、構築などの、非常に重要で長期的なタスクに取り組めるようになります。

自然のなかでは、体の働きが変わります。私たちを健康に保ち、気分をよくすることに時間をかけ、うつ病、糖尿病、肥満、ADHD、心筋梗塞、がんといった病気から身を守ってくれるのです。

グランドキャニオンでの最大のAwe体験

Aweを呼び起こす代表的なものは、「燃える夕日」や「鮮やかな虹」といった、すばらしい景色です。Aweはあくまでも「個人的」な感情であり、さまざまな刺激によって呼び起こされますが、その効果は「普遍的」なようです。

私たちは、夕日が空をオレンジ色に染めるのを見て、みな同じようにAweを感じます。夕日が詩人や作家や写真家や芸術家の、尽きることのないインスピレーションの源だと理解するのは難しくありません。

インド独立の父、マハトマ・ガンディーは、この感情がもつ力をこう表現しています。

「夕日や月の美しさに感動するとき、私の魂は、その創造物を前に畏敬の念で膨らむ」

ユーチューブでは、動画クリエイターのポール・〝ザ・ヨセミテベアー〟・バスケスが投稿した動画が4600万回も視聴されました。バスケスはその動画のなかで、二重にかかった虹を眺めながら、感極まって声を上げて泣きます。自然の奇跡に対する彼の反応を見ていると、思わずこちらまで泣きそうになります。


毎年およそ600万人が訪れる、グランドキャニオンの息をのむような絶景。その絶景を目にしたことは、ラニ・シオタの最大のAwe体験のひとつです。

シオタは、同行していた仲間に押し切られて、仕方なく5時間近くも回り道をしてグランドキャニオンに行くことになりましたが、最初はそこまで期待していなかったと言います。しかし、実際に渓谷のふちに立ったとき、あまりの迫力に、どうしていいかわからなくなってしまったのです。

研究者である彼女としては、自分の体験について追究しないわけにはいきません。やがて調査の結果、脈拍を速めたり、瞳孔を開かせたりするほかのポジティブな感情とは異なり、Ａｗｅには「安らぎの効果」があることがわかりました。

グランドキャニオンの写真を見せられた人は、交感神経系の「戦闘または逃走」の反応が抑えられたのです。

このことは、Ａｗｅは「安らぎを与えてくれる」「体を落ち着かせてくれる」という人々の話と一致します。

ここで注目すべき点は、自然のなかでＡｗｅの効果を得るために、大がかりな行動や長旅をする必要はないということです。〝本物〟の自然に触れなくても、自然の写真や映像などを見るだけでも効果はあります。実際に、テレビ番組『プラネットアース』を用いる研究も多いのです。

夕日、虹、森……「自然」はＡｗｅの最大の源

アンドリュー・Ｒ・エドワーズは、教育者であり、自然、生態系、持続可能性に関する一連の著作で受賞歴のある作家です。彼は、「Ａｗｅと美しさは相互に作用し、私たちに

謙虚さをもたらす体験をつくり出す」と述べています。エドワーズによれば、そうした体験は、私たちが〝生命の網〟に触れるきっかけになるというのです。

何がＡｗｅのきっかけになったかを問われたとき、「自然」と答える人は20から30パーセントです。

自然はＡｗｅの最大の源です。美しさ、すがすがしさ、におい、音、神秘性――そうした自然のすべての面に、私たちは圧倒されます。日の光にきらめくクロロフィルで彩られた葉、二本の枝のあいだに張られたクモの巣、灰色に輝く小石の山、さらさらと流れる冷たい湧き水……。

自然はまた、創造や循環や生態系の奇跡、自然と動物の相互作用、生と死の密接な絡み合いをも見せてくれます。自然は、「右脳」と「左脳」の両方からＡｗｅをもたらすのです。

私たちの自然への愛は、Ａｗｅによって引き起こされていると言っても過言ではありません。しかし現代の私たちは、人類がかつてもっていた、自然との深いつながりの一部を失ってしまいました。

私たちの祖先は、生態系の成り立ちを理解していました。ダッカー・ケルトナーの言葉を借りると、人類はいま、失われてしまった自然とのつながりをふたたび見つけ出そうとしているのです。

彼は、Ａｗｅが自然を大切にする気持ちを呼び起こすことを強調し、Ａｗｅを活用すれば気候変動や二酸化炭素の排出に関する問題の解決にもつながると述べています。

セラピーとしての「森林浴」のすすめ

「森林浴」とは、五感を使って森の空気を感じることです。自然を見て、嗅いで、触れて、聞いて、味わいます。

この言葉は、室内での長時間労働がストレスや健康被害を招いていると考えた日本政府によって、１９８２年につくり出されました。日本政府は、自然とのつながりを取り戻すことの重要性を信じていたのです。

森林の〝癒やし効果〟についてじゅうぶんな研究がなされたあと、森林浴は科学にもとづく正式な治療方法となり、今日では、日本のもっとも重要な予防的健康対策のひとつとされています。

森林浴を行っている人は、街中を散歩している人よりも、「血圧」「脈拍数」「コルチゾールの値」が低いことがわかっています。森林浴は、「免疫力」を高めたり、「ストレス」「うつ」「不安」を解消したりする効果もあると言われています。

森林浴の目的は、ゴールや目標歩数を目指して歩くことでも、森について学ぶことでもありません。ただ、日々のストレスから離れて、リラックスすることです。ゆっくり歩くと、ふだんなら気づかないことに気がつきます。

森林浴は、日本人の半数以上が信仰している日本固有の宗教である「神道」――しばしば禅と組み合わされます――の影響を受けています。

神道は「神々の道」を意味しており、日本語の「道」は、中国語でタオイズム（道教）を表す「タオ（tao）」や「ダオ（dao）」と同じ言葉です。神道は、木や石や風や小川や滝に宿る自然の精霊を非常に大切にします。

こうした文化圏では、人々は自然に対して深い敬意とつながりを感じているため、日本と同様に韓国でも森林浴の実践は科学的に扱われています。

「ナチュラルキラー細胞」を活性化させる

自然のなかでリラックスすると、脳や体にどんな影響があるのでしょうか？

たとえば、呼吸数と脈拍を測定したり、木や灌木が害虫や菌類から身を守るために発散する「フィトンチッド」という成分に注目して、分析が行われたりしています。

フィトンチッドには、これまでに挙げた多くの効果に加え、「腫瘍から体を守る重要な役目を担う」「体内のナチュラルキラー細胞を活性化してくれる」といった効果もあります。

つまり、フィトンチッドは、がんの抑制にも役立つ可能性があるのです。ある研究では「2日続けて、2時間の森林浴を行った人」のナチュラルキラー細胞の活動が、50パーセント増加したといいます。

日本はこの点を重視し、ナチュラルキラー細胞のじゅうぶんな活性化が見込める道を「森林セラピーロード」として認定しました。今日では、およそ50の道が承認されています。また、どの種類の木がもっともフィトンチッドを発散するかという調査も行われ、その結果にもとづいて40以上の「森林セラピー基地」がつくられました。

また韓国では、ネット依存症者やいじめの加害者など、さまざまな背景をもつ人を対象にした「森林ツアー」が行われていて、ツアーガイドの数は500人を超えています。

森こそが「セラピスト」

森林との深いつながりを失った現代の私たちにとって、森林浴は自然とのつながりを取り戻し、自分は自然の一部だと感じるためのものです。

以前、私たち著者も森林浴を試してみました。米エンジェルス国立森林公園では、アメリカでもっとも経験豊富な森林ガイドであり、「森林浴ロサンゼルス」の創設者のベン・ペイジに会いました。

ペイジは、2016年から自然体験のガイドを務め、世界各地で講座を開いています。少し前には、フィンランドやノルウェーで森林セラピーガイドの育成を行っていました。

車に乗り込むやいなや、ペイジは私たちに言いました。自分がこれからするのは、森について教えることでも、問題解決のヒントを与えることでもありません、と。

「私は、教師でもセラピストでもありません。森林セラピーガイドです。あなたたちが森から学ぶ手助けをするのが私の役目なのです」

ペイジはさらに、自分は〝扉を開ける使用人〟のようなものだ、と続けました。

「森こそがセラピストです。森での体験を通して、私たちは自然について、そして自分自身について学ぶことができます。森では誰もが自分だけの特別な体験をします。私には、あなたが何を必要としているのかはわかりませんが、あなたにとって意義のある体験になるよう努めます。そのあとは、自分の存在を消します」


曲がりくねった山道は、ますます急になっていきます。山頂には雲がかかっていたものの、太陽の熱に温められて消えかかっています。私たちを乗せた車は、整備された散歩道「シュウィッツァー・フォールズ・トレイル」に向かって曲がり、駐車場にとまりました。

そして、出発です。大きな水音を立てて流れる小川の上には、木の案内板のついた、すり減った橋がかかっていて、靴を濡らさずに通ることができました。

トレイルは、木々のあいだに消えるように続きます。ひんやりとした朝の空気のなかで、岩々のあいだのどこに足をかけたらいいか考えをめぐらせます。ここロサンゼルス周辺とエンジェルス国立森林公園は、冬と春に開かれており、誰でも訪れることができます。

森のなかで行う「マインドフルネス」の方法

トレイルに入って少ししたところで、ベン・ペイジは自然を体のなかに取り込む方法を話してくれました。どうやら、マインドフルネスのようなエクササイズ（ペイジに言わせれば「ボディフルネス」）が必要になるようです。

数回深呼吸し、目を閉じ、すべての感覚を使って、自分の体が周囲の森や自然とつながっていくのを感じます。耳をすまし、肌に触れる空気の流れを感じます。鼻孔を抜ける空気にも、唇と喉の奥の空気にも意識を向けます。

地面に両手をつき、土を少しつまんでから、指のあいだでこすります。落ち葉を拾い集めて両手いっぱいに抱えたら、鼻をうずめて、冷たく湿った腐葉土のにおいを吸い込みます。地面の上に立つ自分の体を感じ、足の裏に意識を集中させ、太陽のあたたかい光を顔に浴びます。

ベン・ペイジに言われるがまま、ゆっくりと目を開けて、森のすべてのものが自分を見つめていることを想像し、自然とひとつになります。そうすることで、自然は生き物であると実感できるといいます。

1800年代の作家で、哲学者で、詩人のラルフ・ウォルドー・エマソンは、この感覚を『ネイチャー』のなかに記しています。「私は孤独で目に見えない存在ではない。彼ら〝木々〟が私にうなずきかけ、私はうなずき返すのだ」

森林セラピーガイドが教えてくれたAwe効果

その後、ベン・ペイジは、体験したことを言葉にして、連想したことや頭に浮かんだ過去の記憶について話すよう私たちに言いました。

互いの体験を共有し耳を傾けることによって、共感への道が開かれます。同時に、自分が感じたり、口に出したりしたことが〝正しい〟のかという問いが、知らず知らずのうちに頭をもたげてきます。それはまさに、ベン・ペイジが私たちに「手放してほしいもの」です。そこには正解も不正解もありません。森での体験は、完全にその人の個人的なものなのです。

森林浴とＡｗｅの関係について、ベン・ペイジは、次のようなものを挙げています。

・ボディフルネス

多くの人は、自分の精神にばかり目を向けるあまり、体とのつながりを失っています。体も知性を備えており、私たちを生かしてくれていることを忘れてはなりません。

森林浴では、まず自分の体を感じ、それから体を自然と結びつけることで、Ａｗｅが呼び覚まされます。

・自然との関係

さまざまな理由から、私たちは人間とそれ以外の種とを分けて考えようとします。自分たちが「自然の一部」であるという感覚を失っているのです。

しかし、私たちは地球上のあらゆる生き物とつながっています。森のなかでは、その感覚が呼び起こされ、Ａｗｅの大切な源になります。

・思考力が広がる

「想像力」を駆使することで、現実を認識する能力が高まります。アインシュタインは、想像力は知識よりも重要だと述べました。知識は「すでに知っていることを知るためのもの」だが、想像力は「宇宙全体を知るためのもの」だからです。

自然のなかでは、科学では説明できないことに遭遇します。私たちは、それらを説明しようとする必要はありません。そこにＡｗｅを感じるだけでいいのです。

ペイジは、アメリカ人の神話学・比較文学の教授ジョーゼフ・キャンベルの言葉を引用しました。「人は、人生の意味を求めてなどいない。生きている実感を求めているのだ」

ペイジは、「それが私にとってのＡｗｅです」と言います。「Ａｗｅはあなたに衝撃を与えます。そのとき、あなたはまさに生きているのです。ほかのものはすべて消え去り、何も意味をなさなくなります。あなたは、ただ生きているという強烈な感覚に襲われます。それは、まわりのすべてとつながっているような感覚、自分はひとりではないという感覚です」

私たちは、森の動きを体験するために、さらにトレイルを進みます。自分のペースで自由に歩いていき、そのうち、風にそよぐ葉っぱや、淡いブルーの空を背景に形を変えていく雲、水面に輝く日の光、ちょろちょろと流れる小川、丘の斜面で遊ぶ2匹のリスが目に入ってきます。

自然のなかでのAweは、「内側」と「外側」の両方の体験です。外側に見えるものは内側の感情を動かし、記憶を呼び覚まし、洞察を与えるのです。

アメリカの医療機関では「処方箋」に書かれている

「自然とAweがよい効果をもたらす」という知識は、日本の医療現場だけではなく、アメリカの医療機関にも浸透しています。いまや34の州で、「自然」は元来の治療薬を補うものとして処方箋に書かれているのです。

オークランドの小児病院では、ストレスや疎外感を減らし、不調を改善するために、自然のなかでAweを感じることを患者に勧めています。またニューヨークには、「Aweウォーク（awe walks）」という、公園での〝Awe散歩〟を処方している医師もいます。

これから紹介するのは、ラフティング（ボートで川を下るアクティビティ）が、トラウマを負った退役軍人とストレスを抱えた若者にポジティブな影響を与えたという、たいへん興味深い研究です。ラフティング体験のあと、全員のストレスが引き起こす症状が、大幅に軽減されたのです。

自然のなかでのスポーツによってストレスが軽減した例は、ほかにもたくさんあります。この研究の発端となったのは、自殺を考えていた、とても不幸な男性でした。退役軍人のステイシー・ベアです。

ステイシーは、バグダッドから帰還して数年が経っても、うつと自殺願望に苦しみ、コカインとアルコールを大量に摂取してなんとか自分を保っていました。

戦地での7年間の記憶は、自らの意思に関係なく、何度もよみがえってきます。思考が不安定になり、脈は早鐘のように打ち、体は苦痛にさいなまれます。爆発する車両、強引に開けられたドア、人々から「朝食に赤ん坊を食らう兵士」と恐れられたこと、銃弾を受けたこと……。

彼は、ふつうの市民生活を送るのに苦労していました。どんよりと曇ったある日、彼は自分に選択を迫りました。自殺するか、軍隊に戻るか。

そのときかかってきた旧友からの電話が、人生を変えることになりました。ステイシーがどれほどふさぎ込み、生きることに疲れているかを話すと、旧友は言いました。

「なあ、ボルダー［米コロラド州の都市］に来いよ！　おれと一緒にクライミングしないか」

ステイシーは、とまどいました。もう何の気力も意欲も湧かず、「楽しいことを見つけたい」とも思わなかったのです。

たしかに、ステイシーはかつてボーイスカウトをしていて、運動神経がよく、アウトドアが大好きでした。とはいえ、筋骨隆々で2メートル近くある、かなりの大男。自分がクライミングをしているところを想像して、彼は思わず苦笑しました。

そんなこと、できるだろうか？　しかし、一方でこうも思いました。自分は何を失うというのだろう？　これ以上、悪くなることはないのです。

うつと自殺願望に苦しむ男性を変えた「山での体験」

彼はあと数日だけ生きることにして、ボルダーに向かいます。友人の計画で、5つのピークからなる、フラットアイアン山に登ることになりました。それらのピークは、昔のアイロンの形にちなみ、ファースト、セカンド、サード、フォース、フィフスフラットアイアンと名付けられています。

堂々と高くそびえる赤い山。登りはじめると、ステイシーはロープをしっかりとつかみ、できるだけ安全な岩のくぼみを見つけることだけに集中しました。ここでは、トラウマが入り込む隙間はありませんでした。ささいなミスが命取りになるときには、あれこれ考えたり、くよくよ思い悩んだりする余裕はないのです。集中力が高まり、自然と自分の体が一体化していくのを感じます。すべてが静止していきます。

平らになった岩の上でひと休みし、はるか下に広がる大草原が目に入ったとたん、魔法のような瞬間が訪れ、扉が開きました。それは、まるで宗教的な体験とも言えるものでした。

山での体験には深い癒やしの効果があり、その効果はその後も薄れることはありません。自分があのとき感じたのはＡｗｅだったと、ステイシー自身も語っています。

その後、彼は自分が経験したものを誰かと分かち合いたくなりました。自然の効果を確信し、自分と同じような状況にある人たちに癒やしの機会を与えたいと思うようになったのです。

そしてステイシーは、「バークレー・ソーシャル・インタラクション・ラボ（Berkeley Social Interaction Lab）」と、毎年何十万ものアメリカの子どもたちに自然体験を提供する環境保護団体「シエラクラブ（Sierra Club）」とともに、研究プロジェクトを開始しました。

「ラフティング」によって感情はどう変わるか？

これから紹介する、おもしろくも難しい研究に着手したのは、当時、博士課程に在籍していたクレイグ・アンダーソンです。感情の測定はただでさえ一筋縄ではいかないものですが、今回は研究所の外で、ふつうに日常生活を送っている人を対象としました。

この実験では、「富裕層の少ない地域の若者52人」と、「アフガニスタンとイラクに派遣された退役軍人72人」が参加しました。両方のグループに共通しているのは、程度の差はあれ、「心的外傷後ストレス障害」を抱えて生きているということです。

その定義には、不安、うつ、苛立《いらだ》ち、被害妄想、社会的孤立、免疫機能の低下、心臓病のリスクの増加、フラッシュバックや悪夢といった症状を含みます。そうした症状は、家庭内暴力や自傷行為、自殺につながりかねません。

毎日17人の退役軍人が自ら命を絶ち、ほぼ3分の1がPTSDと診断されています。

また、武器による暴力行為が頻発する貧困地域に住む若者たちは、同様のストレス症状で苦しむことが多いものです。恐ろしいことに、その割合は、紛争地域出身の人々と同等です。このような若者たちの多くは、住んでいる地域から出たことがありません。大自然と触れ合ったことのない人もいれば、満天の星を見たことのない人もいます。

そういう人たち全員で、これからゴムボートに乗り込みます。荒々しい急流のなかで、力のかぎりオールをこぎ、氷のように冷たい水に打たれます。すべては天候と他人の気分に左右されます。つまり、周囲と協力しながら〝いまこの瞬間〟に集中して行動しなければならないのです。

米カリフォルニアでラフティングに最適な場所のひとつは、サンフランシスコからわずか2時間半のところにあります。

シエラネバダ山脈から流れ下る「アメリカンリバー」は、ガラスのように透き通った雪解け水が美しい曲線を描いていますが、流れは非常に激しいところです。エメラルドグリーンに輝く水面からは巨大な岩が突き出しています。

その日は天気がよく、驚くほど美しい光景が広がっていました。

若者のグループは、6人とガイドひとりまで乗ることができる小さなゴムボートで激しい水の流れに乗り、ときには澄んだ滝のなかを進みます。

最初にするのは、ゴムボートから落ちてしまったときにボートに戻る練習です。それから、ほかの人を引っぱり上げる方法、オールのこぎ方、指示の出し方などを学んでいきます。練習がすべて終われば、あとは出発するだけです。

ストレスが30パーセント減少した人たち

彼らには、研究のための基礎データを得るために、いくつかの準備をしてもらいました。まず、ドーパミンとコルチゾールの値を調べるために、事前に「唾液」の採取を行いました。また、どれくらいの頻度で喜びや悲しみやストレスを感じるか、よく眠れているか、といった質問にも答えてもらいました。

そしてラフティングから1か月後にも、ふたたび唾液検査とアンケート調査を行うことになっています。

アンケートでは、心の状態と生活状況を知るために、喜び、自尊心、満足感、Aweといったポジティブな感情を7段階で自己評価します。ほかにも、各自に日記帳を渡して、考えたことや経験したこと、社会的なできごとや気持ちを毎日書き留めてもらいます。

またラフティング中、参加者にはまわりにも目を向け、グループ内で起きていることにも注目してもらいます。この体験にとりわけ感動している人はいますか？　その人にどれだけ共感できますか？　自分はどんな気持ちでしょうか？　この方法は「バディレポート」と呼ばれます。

さらに、クレイグ・アンダーソンの研究チームは、参加者たちの「表出行動」を測定するため、ゴープロカメラ〔小型で軽量のアクションカメラ〕をゴムボートに取りつけました。

カメラはつねに回っていて、実験が終了するときには100時間にも及ぶ映像を残します。その映像は、あとで非常に役に立ちます。専門家たちは、参加者たちの表情や筋肉の動きや音声から、冗談を言っているのか、まわりと協力しているのか、落ち着いているのかなどを調べることができるのです。

ラフティング後のフォローアップ調査では、いくつかの興味深い結果が出ました。参加者の21パーセントにストレス状態の軽減が見られたのです。

「ドーパミンの増加」は通常、より調和のとれた人間関係を反映しており、社会的な幸福感を増加させたり、家族の絆を強めたりしますが、10パーセントの割合で改善が見られました。

それに加え、「人生に対する満足度」が9パーセント、「自己評価での幸福度」も8パーセント増加しました。この数字は、退役軍人と若者の両グループを合わせたものです。

退役軍人だけで見ると、「ストレスに関連した症状」が30パーセント減少しました。彼らは、フラッシュバックの回数が減り、よく眠れるようになり、以前ほど気を張ることもなくなったと報告しています。

「自然」には健康や幸福感を高める効果がある

自然のなかでＡｗｅを感じたことで、若者たちは自分が下った川をはじめ、自然のことをもっと気にかけるようになるでしょう。参加した若者たちは、他者とのつながり、さらには世界とのつながりを感じたと口々に言いました。クレイグ・アンダーソンはこう述べています。

「このような体験をしたとき、自己中心的な考えが〝最優先〟にはなりません。そのかわり、すべての関心がＡｗｅを生み出すものに向けられるのです。つまり、まわりの環境や人に、です。彼らは、ここで見られる美しさに感謝していると言っています。人は何かに美しさを見出せば、それを大切にし、守ろうとするのです」

同じボートに乗ったチームでは、参加者がみな似たような感情を示したり、同じホルモンの特性を共有したりするなどの改善もありました。「Ａｗｅの伝播性」を示すよい例と言えます。また、同様に測定されたほかのポジティブな感情と比べても、Ａｗｅは「人の全体的な幸福感」を大幅に高める力があるというのもわかりました。

退役軍人のひとりは、「自然が心を鎮めてくれることは以前から知っていましたが、科学的な裏付けを得られたのはすばらしいことです」と語りました。近い将来、抗うつ薬を補うものとして、寝袋やテント、ラフティングや森林浴が処方されるようになってほしいと彼は言います。

自然は、少なくともリスクを抱えた退役軍人や若者にとって、健康や幸福の源になりえます。当然、あなたにもすばらしい効果をもたらしてくれるはずです。

「宇宙飛行士」が教えてくれるAwe

「オーバービュー効果」という言葉を聞いたことがあるでしょうか？

宇宙から地球を見ることができた人は、これまでにわずか549人しかいません。それ以外の人々は、写真や映像を通して感動を分けてもらってきました。とはいえ、私たちの感動は、実際にその光景を自分の目で見た人たちが覚えるそれとはかけ離れているでしょう。

宇宙はどうでしたかと尋ねられると、宇宙飛行士はたいてい、夢でも見ているような顔をします。スケールが大きすぎて、言葉では表現できないというように。

それでも、彼らの説明は、自分のすばらしい体験をわかりやすく表していると思います。

ここで彼らの言葉をいくつか紹介しましょう。

この体験がどれほどすばらしく、魔法のようなものかを説明するのはとても難しいことです。第一に、私たちの惑星を形づくる想像を絶するほどの美しさと多様性が、目の前をゆっくりと通り過ぎていくのです……うれしいことに、どんなに訓練を積み、知識を蓄えても、この体験が引き起こす恍惚《こうこつ》とした感情に備えることはできません。

——キャサリン・D・サリバン（NASA宇宙飛行士）

もし、打ち上げの前に「月から地球を見たら、すっかり心を奪われてしまうと思いますか？」と質問をされていたら、私はこう答えていたでしょう。「絶対にそんなことはありません」と。しかし、月の上に立って地球をふり返ったとき、私が真っ先にしたのは涙を流すことでした。

——アラン・シェパード（NASA宇宙飛行士）

写真で見たり、話に聞いたりしただけでは、実際の体験に対する心の準備はできません。周回軌道上から見た地球は、それまでに見たどんな写真よりも美しかった。地球から離れることで、地球との密接なつながりを感じます。このような感覚は初めてです。

——サミュエル・T・デュランス（NASA宇宙飛行士）

私たちはいつも、人間中心に考えてしまいます。そして、世界への強い不満と、それに対して何かしたいという強烈な欲望を感じています。でも、外側から、月から地球を眺めると、国際情勢などちっぽけなものに思えます。政治家の首根っこをつかまえて、約40万キロのかなたへ引っぱり上げてこう言ってやりたくなるでしょう。「あれを見ろ、この野郎」

——エドガー・ミッチェル（NASA宇宙飛行士、アポロ14号のパイロット）

「宇宙から地球を眺める」のは究極のAwe体験

1968年のクリスマス、人類は初めて地球を外側から眺めました。宇宙船アポロ8号が地球の重力から解放され、月の周回軌道に乗るのに成功すると、月の地平線の向こうから地球がのぼるのが見えました。「地球の出」という言葉が生まれた瞬間です。

ボーマン、ラヴェル、アンダースの3人の宇宙飛行士——そしてテレビ中継によって全世界の4分の1の人々——が、私たちの共通の故郷を宇宙から眺めることができたのです。私たちを育む地球は、果てしない宇宙に漂うひとつの天体なのだと実感し、誰もが目を丸くしたことでしょう。

そして、多くの宇宙飛行士が、まさにこの瞬間——地球が突如、無限の空間に存在する小さな青い点となった瞬間——に特別な感覚が芽生えたと語ります。引っ張られて、揺さぶられるような感覚。何人かの宇宙飛行士は、国境など見えなかったと語っています。

もちろん彼らは、地図の上に引かれた境界線は実際には存在しないとわかっていましたが、自分の目で認識したことで、心の奥底で何かが起こったのです。人間同士の争いは無意味だと悟り、人々に警告したいという思いが生まれました。

「宇宙から地球を眺めること」は、まさしく究極のＡｗｅ体験です。何人もの宇宙飛行士が、スピリチュアルな目覚めや喜びや一体感、そして神々しいほどの美しさについて語っています。誰もが、畏敬の念、謙虚さ、大きな喜びを感じたと言います。

地球に帰還したあとも、彼らのなかに生まれた変化は継続していました。かつてＮＡＳＡの宇宙飛行士だったロン・ギャレンは、自分の体験を多くの人と共有するために、宇宙飛行士の仕事を離れました。彼はいま、人々の世界の見方を変えるための活動を続けています。

私たちはみな同じ場所に属していて、ともに守るべき惑星があると多くの人に知ってもらえれば、世界平和を実現できる――ギャレンをはじめ、多くの人がそう考えています。

宇宙哲学者が生んだ「オーバービュー効果」という視点

宇宙から地球を見ることで得られる視点は、「オーバービュー効果」と呼ばれます。この言葉を生み出したのは、フランク・ホワイトです。

今日、彼は自らを「宇宙哲学者」と呼び、その名にふさわしい人生経験と資質を兼ね備えていますが、その兆候は子どものころからすでに表れていました。彼は１９４０年代に米ミシシッピ州で育ち、わずか４歳にして、人類はいつの日か地球を離れてほかの惑星で暮らすことになると言いはじめたのです。

フランク自身はこのエピソードを覚えていませんが、宇宙に目を向ける大きな転換点となったもの、10歳の誕生日に母親からもらった『星（Star）』という小さな本のことははっきりと覚えています。

その本を読んだフランクは、宇宙についてもっと知りたくてたまらなくなりました。「地球の外には宇宙が広がっていて、研究者たちを待っているんだ」。フランクは宇宙飛行士ではなく学者になり、宇宙学の研究所で働きはじめました。

１９７０年代のあるとき、30歳を少し過ぎたフランクは飛行機に乗っていました。何キロメートルもの上空にある雲を見上げながら、宇宙ステーションにいる自分を想像し、もしそこで暮らしていたら地球の全景が見わたせるだろうと考えました。

「地球はひとつのシステムであり、私たちはみなそのシステムの一部であると実感できるだろう。全体を俯瞰《ふかん》し、畏敬の念を抱くだろう」。フランクはその現象に「オーバービュー効果」という名前をつけました。

自分の発見を共有し、仮説を実証したかった彼は、まず宇宙飛行士に話を聞きはじめました。当時は、天文現象がまだ目新しい時代でした。それをじかに経験した宇宙飛行士たちが、自分が飛行機のなかで感じた感覚をわかってくれるかどうか知りたかったのです。宇宙飛行士たちは、フランクの話を正確に理解し、自分の体験談を語りはじめました。

フランク・ホワイトは、１９８７年に出版した著書『オーバービュー効果（The Overview Effect）』（未邦訳）のなかで、宇宙飛行士から聞いた数々の話を紹介しています。フランクの「個人的な体験」を表すために生み出されたこの用語は、いまでは、大気圏の外から地球を眺めたときに生まれる感情を描写するために使われています。

自分たちよりも「大きなもの」が存在すると考える

それからしばらく経ったころ、研究者であり心理学部生でもあったデイヴィッド・イェーデンは、「オーバービュー効果」が呼び起こす感情を調査しはじめました。

宇宙飛行士の語りが研究者の興味を引くのは、彼らの体験がＡｗｅの定義のうちのふたつの重要な要素を含んでいるからです。

ひとつ目は、「受け止めきれないほどスケールの大きなものに直面すること」。もうひとつは、「把握したり理解したりしづらいものを、通常の枠組みを用いて受け入れようとすること」。それに加え、利他主義――無条件の愛情――の効果が生じることも確認されています。

そのためイェーデンは、Ａｗｅが「オーバービュー効果」と関連づけられるのかどうかを調べることにしました。もしそうだとしたら、オーバービュー効果をうまく使えば、人々がもっとお互いを思いやり、より大きな目標に向けて協力し合うことができるようになります。

研究論文で、彼はＡｗｅと無私の関連性を示しました。先に紹介した研究とまったく同じように、被験者が宇宙と似た環境でＡｗｅを経験すると、脳の基礎ネットワークの活動が低下することがわかったのです。

先にも触れたとおり、この低下は「自己の喪失」を意味します。イェーデンは「オーバービュー効果」を通して感じられるＡｗｅは、「超越」と表される感覚とも関連があると見ています。

自分の住む惑星を見下ろすことで、自分たちよりも大きなものが存在すると考えるようになるのは、不思議なことではないでしょう。

地球にいながら「オーバービュー効果」を体験する技術

Ａｗｅや「オーバービュー効果」に関する発見や研究は、何につながるのでしょう？　その知識によって、宇宙飛行士の世界観や人間観だけでなく、私たち一般人の意識までも変えることができるのでしょうか？　答えはイエスです。

この研究は、すでにさまざまな場面で役立てられています。そのなかに、宇宙の専門家や元宇宙飛行士、人道主義者たちが集まって、Ａｗｅと「オーバービュー効果」の可能性を探り、世界に発信するために設立された「オーバービュー研究所」があります。

同研究所によると、私たちは人類の歴史のなかでもとくに困難な時代を生きているといいます。気候、食料、水、エネルギーに関する問題が浮上し、貧しい国と豊かな国のあいだに深い溝があり、文化や宗教や政治の違いが私たちを隔てているこんな時代だからこそ、人類とこの惑星のために、私たちがグローバルな視点でひとつになることが欠かせない、と彼らは主張します。

宇宙飛行士の語る利他主義的な体験は、全人類にメリットをもたらします。そして、その効果を得るための技術は日々進歩を続け、地球を離れなくても「オーバービュー効果」を体験できるよう、懸命な努力が重ねられています。

このことについては、第5章で詳しく説明します。この分野の研究と発信に携わっている人々は、世界をより美しく、緑豊かで優しさあふれるものにするために情熱を注いでいるのです。

彼女はワンダージャンキー
頭のなかでは、彼女は丘
古代バビロンの本物のイシュタル門の

前に立っているのは
たるんだあごをした部族の男
ドロシーがまず垣間見たのは
オズの魔法使いが住むエメラルドの都の
アーチ形の塔……
彼女はポカホンタス
ロンドンの河口に広がる
テムズ川をさかのぼる
目の前に続く水平線を追って

――カール・セーガン著『コンタクト』より

［ワンダージャンキー（Ａｗｅを原動力に生きる人々）のエピソード１］

ステファン・エドマン

Ａｗｅ革命を望む生物学者

この本を書くにあたって調査を始めたとき、ある人物の名前を知りました。ステファン・エドマン。２００６年に、彼はすでに『Förundran』（スウェーデン語で「Ａｗｅ」を意味する）というタイトルの本を書いていました。

すぐに私たちは興味をもちました。この本を読めば読むほど、この人物に対する興味は深まっていきました。どうやら、本物のＡｗｅマニアのようです。だがなぜ、こんなにも早くＡｗｅの重要性を理解していたのでしょう？

私たちは、自分たちが何者で、どんな研究をしているのかをメールに書いて送りました。ステファンは、自分の経験や考えを語ってくれるでしょうか？

数日後、返事がきました。「ぜひ、お茶でもしにきてください」

「ほら、クロウタドリです！　クロウタドリの春の歌を聴くと、幸せな気分になりませんか？」

ステファンは、はっきりとわかるヨーテボリ方言で叫びました。すらりと背が高く、もじゃもじゃの白髪頭をしたこの男性は、両手を大きく動かして自分の気持ちを表現しました。年齢は70を過ぎていましたが、まるで子どものようでした。

「鳥の声や美しい自然をほかの人と一緒に楽しむのは、とてもすばらしいことです。Aweとは何かと問われれば、まさにこのことでしょう」


「ストレスを感じているなら、癒やしが必要です。静けさやつながりや生きている実感を求めているなら、自然を〝無料の胃薬〟として、一種の神聖な空間として見てください」

――ステファン・エドマン

ステファンは、生物学者、動物学者、鳥類学者、ヒューマニスト、環境活動家であり、Aweを体験すること、そしてAweを語ることに人生を捧げています。児童、自治体のリーダー、教師、自動車メーカーＶＯＬＶＯのトップらを教育するときも、テレビに出演するときも、首相のスピーチ原稿（たいていは環境問題をテーマにしたもの）を書くときも、彼はＡｗｅの特別な魔法を一滴、注入するようにしています。

自然を前にして感じるＡｗｅと、母なる大地と人類の生き残りをかけた戦いについて、これまでに45冊以上の本と、何千ものコラムを執筆してきました。

生物学の知識とストーリーテラーのスキルを活かし、「花びらの話」から始めて、聴衆を引きつけます。

わずか1平方センチメートルの緑の葉には、4000万もの葉緑体が含まれており、太陽の光を取り込む役割を担っています。1億4960万キロの旅をしてきた太陽の光は、8・3分後に葉のなかに吸収され、二酸化炭素と水が炭水化物とタンパク質に変わります。それが、私たちやほかの動物たちの食糧となります。そのうえ、私たちの生存に欠かせない酸素もつくり出すのです！

それからステファンは、うれしそうに「土の話」をします。

「ふつうのブルーベリーの森に、どれだけの菌糸体が存在しているか考えてみてください」

彼はとつぜん、目をきらきらさせながらそう言いました。「え、菌糸体ですか？」と私たちは尋ねます。

「そう、ミクロの世界の菌糸、つまり、地面の下の暗闇に広がる白く枝分かれしたネットワークを形成しているものたちです。非常に重要な存在です。マツやモミの木がミネラルを吸収するのを助けているのですから。運搬用の一輪車1杯分の土から菌糸体を取り出して1本ずつ並べたとすると、なんと地球2周分、8000マイルになります！」

ステファン・エドマンによると、私たちを構成する原子は、ずっと昔に宇宙のどこかで生まれたものだといいます。自分の頬を撫でるとき、私たちはある意味、星屑《ほしくず》に触れているのです。

さまざまな企業でＡｗｅの話をする際、ステファンはまず線形動物、つまり私たちの立っている地面の下でうごめく「ミミズ」から話を始めることにしています。

ミミズは地球上でもっともよく見られる多細胞生物であるにもかかわらず、一般の人にはミミズの重要性はまだあまり知られていません。ミミズは生態系を維持するために欠かせない存在です。私たち2本足の人間が出勤したり、子どもの送り迎えをしたり、食べ物を買ったり、ネットフリックスを見たりしているあいだも、地面の下ではミミズの果てしない循環作業が続いているのです。

ステファン・エドマンは、今日の私たちは幸せを追い求めるあまり、消費の渦に飲み込まれ、人生を薄っぺらいものにしかねないと主張します。「それはときに、悲劇的な現実逃避となります。自分自身と、自分が生きたいと願う真の人生からの逃避です」

ステファンは、「必要なもの」より「不要なもの」を大切にするべきだと言いました。TO DOリストに縛られるよりも、木陰でひと休みする時間をつくるほうが、よい人生を手に入れるためにずっと有効だと考えています。

「ストレスを感じているなら、癒やしが必要です。静けさやつながりや生きている実感を求めているなら、自然を〝無料の胃薬〟として、一種の神聖な空間として見てください」

ステファン・エドマンは、精神的・霊的な変革は、一人ひとりの人間のなかで起こるべきだと考えています。

彼は、私たちがせっつかれるように物や幸せを求めてしまうことへの対抗策として、

〝Ａｗｅ革命〟を提唱します。私たちは地球上のあらゆる生物やお互いとのつながりを取り戻さなくてはなりません。謙虚さと新しい視点があってこそ、本当に大切なものへの強い愛情を生み出せるのです。

「たしかに、Ａｗｅは私たちを自動的によい人間にしてくれるわけではありません。でも、多くの人がＡｗｅをあまりに過小評価しています」

――生物学者で、動物学者で、鳥類学者で、
ヒューマニストで、環境活動家でもあるステファン・エドマン

Aweの源　人間

「尊敬する人」に対して抱く感情も、Awe

この本を書きはじめたとき、私たちはAweについてそれほど深く理解していませんでした。私たちはただ、頻繁にAweを体験し、自分たちのなかに生じる感覚を気に入っていました。

そして、Aweに関する研究やAweの効果――心を落ち着かせる、ストレスを軽減させる、精神を研ぎ澄ませるなど――に対してかなりポジティブな見方をするようになっていました。

私たちが関心をもったのは、Aweを生み出す場所や状況、現象といった「Aweの源」でした。多くの道が「自然」へとつながっていましたが、アート、音楽、人間の可能性、それからもちろんもっとも古典的なもの、つまり「スピリチュアリティ」につながる道にも至りました。

しかし、Aweを体験した人のほぼ半数が、「他者への尊敬の念からAweが生じた」と語っています。取材に応じてくれた研究者たちのおかげで、私たちはようやく、それが真実だと知ることができました。

「他者」に対してAweを感じるとは、その人や、その人の行動に対して感情が高まることです。

この感情は何よりも、その人の行いのなかの道徳的な美しさ、たとえば勇気や心の強さ、あるいは尊敬すべき人となりによって呼び起こされます。

それは、バラク・オバマのような偉大なリーダーや、ハンス・ロスリングのような知識の普及者、性暴力に対する活動でノーベル平和賞を受賞した産婦人科医のデニス・ムクウェゲ医師、#MeToo運動を始めたタラナ・バークのような女性の擁護者、ボルレンゲのデモで人種差別に立ち向かったテス・アスプルンドのような人々を前にした感情であるかもしれません。

あるいは、周囲をよく気にかけてくれる近所の人や、いつもあなたを応援してくれる父親に対してかもしれません。あるいは、失敗や困難を乗り越えてきた人たちにＡｗｅを感じることもあります。

いくつかの文化圏では、他者に対するＡｗｅがよく見られます。たとえば、中国ではＡｗｅの60パーセント以上が他者からもたらされています。そこには、美しく希望に満ちた何かがあるのではないでしょうか。

ＳＮＳで拡散されやすい「感情」とは？

私たちは、進んで自分のＡｗｅを誰かと「共有」しようとします。ワンクリックで、自分が興味をもった人物やメッセージを何千もの人に届けるのです。

ユーチューブ、フェイスブック、インスタグラム、ツイッター、ティックトックなどのソーシャルプラットフォーム、自分で作成したりした記事、映像、ミーム、ストーリーズ。もちろん、激しい感情を呼び起こすものが広く共有されます。

「怒り」を覚えるコンテンツは、「悲しみ」を覚えるコンテンツよりも多く共有されます。

怒りは私たちをより積極的に、より活動的にしますが、悲しみは人を麻痺させ、内にこもるようにしてしまうのです。

Ａｗｅは、怒りをもしのぐ、もっとも活性化された感情です。私たちは、誰かの〝勇敢な旅〟を知ったり、美しいものや、信じられないほど知的なものを目にしたりすると、その感覚を「共有したい」と思います。

今度「何かを共有したい衝動」に駆られたときは、少し確かめてみてほしいのです。それは、どんなタイプの内容でしょうか？

出産前の私と出産後の私は、まるで別人

人生の重要な転機は、Ａｗｅの研究において非常に重要です。何人もの研究者が、「人生を変えるようなできごとや儀式はＡｗｅの源になる」と述べています。

Ａｗｅを感じたことのある人にインタビューを行うと、「出産」「死」「結婚」のような個人的な体験について語ることが多く、一部の研究者のあいだには驚きの声があがっています。

ある調査の参加者は、出産についてこのように表現しました。「出産前の私と、出産直後の私は、まるで別人のようでした」

死についても同様です。しかし、現代社会において、私たちは死を身近な存在だと考えない傾向があります。葬儀へ参列する機会もだいぶ減っており、参列者数は過去25年間で半分になっているといいます。

しかし多くの人が、近しい者の死に立ち会ったときのことを、美しく魔法のようだったと話します。それは、すばらしい体験だったからというだけではありません。

イェニー＝アン・グンナルソンは、母親が亡くなったときの体験に感銘を受け、そのような場にもっと立ち会えないだろうかと考えていました。死に立ち会うことは、深い意味があるような気がしたのです。

そこで彼女は、「デス・ドゥーラ」になろうと決意しました。デス・ドゥーラとは、人生の最期にその人に寄り添う存在です。病気の人が自宅で安心して最期を迎えられる環境を整え、生活面での手助けをし、実存に関する考えについて語り合い、家族や友人や医療スタッフとの橋渡しを行い、残された人々の負担を軽減します。

イェニー＝アンは、自分がほかの人の支えになれると感じ、その役目を続けられる方法を考えました。まず葬儀会社を立ち上げ、それからイギリスのリビング・ウェル・ダイイング・ウェル協会で「エンド・オブ・ライフ・ドゥーラ」のトレーニングを受けました。

イェニー＝アンの母親は、末期の状態であると告げられてから、わずか6週間後に亡くなりました。家族は緩和ケアチームの助けを借りて、母親を家で看取ることを選びました。母親はまだ67歳でした。

イェニー＝アンは、信じられないほどの悲しみを抱いていましたが、ずっと母親のそばにいさせてもらったからこそ、恐怖は感じず、むしろそばにいられる喜びを感じたと語ります。彼女はそのときのことを、「儚《はかな》く、清らかで、親密で、とても力強い体験」と表現しています。

スティーブ・ジョブズの最期の言葉

アップル社の設立者であるスティーブ・ジョブズは、自宅のベッドで、家族に囲まれ息を引き取りましたが、『ニューヨーク・タイムズ』の訃報欄に、ジョブズの妹のモナ・シンプソンは、ジョブズの死の間際の、最期の言葉を載せました。

「Oh wow. Oh wow. Oh wow」(うわあ、うわあ、うわあ)

彼が実際にどのような体験をしたかは、誰にもわかりません。死とはいまだに、答えの出ない謎なのです。

「死んでいる」という感覚を経験したとき、多くの場合で、不思議な強い感情が生まれるといいます。臨死体験をした人は、その後、人生が大きく変わる傾向にあります。

ほとんどの人が、光、音、においに敏感になり、思いやりと寛大さが増し、とつぜん、あらゆるものに対して無条件の愛情を感じるようになったと話します。

ヴァージニア大学の精神病理学の名誉教授であるブルース・グレイソン氏は、この現象を50年以上にわたって研究しており、そのあいだに多くの文書や何千もの証言を集めてきました。彼の研究によって、臨死体験は夢や幻覚として片づけることはできないとわかりました。

死とAweの関係については、今後も研究が進んでいくでしょう。

環境活動家グレタ・トゥンベリが与えたもの

黄色いレインコートに、長くのばした茶色い三つ編み。手にしたプラカードにはこう書かれています——「気候のための学校ストライキ」

もうおわかりでしょう。オピニオンリーダーであり環境活動家のグレタ・トゥンベリです。

2018年8月20日、スウェーデンの首都ストックホルムに住む15歳のグレタは、まったく新しい彼女だけのストライキを始めました。気候変動の問題の優先順位が低いことに抗議するため、スウェーデンの国会議事堂前の石畳に、たったひとりで座りこんだのです。

9月9日の選挙の日まで3週間、毎日座りこみを続けるのが目標でした。しかし、その試みはさらに長く、もっと多くの人を巻き込むものになります。

独自に気候デモを始めた少女の話はメディアで取りあげられ、徐々に話題になりました。インタビューで、グレタはこのように答えています。

「気候変動の問題は、私たちの時代の宿命的な課題です。私たちのいまの行動を、将来の世代が変えることはできません。まもなく、私たちはもはや引き返すことのできないティッピング・ポイント〔不可逆的な変化が生じる転換点〕に到達するでしょう」

そして、彼女はこう続けました。「世界のリーダーたちの行動は、まるで子どものようです」


彼女の言葉に、人々の関心が集まりました。いたるところで希望の光がともったのです。

インタビューの翌日からさっそく、若者たちがグレタの活動に加わりました。グレタに続く人々の波は何千にも増し、まもなく「フライデー・フォー・フューチャー（未来のための金曜日）」の名のもとに、世界じゅうにストライキが広がりました。今日、100か国以上で何百万人という若者が、気候のためのストライキやデモを行っています。

グレタは、数々の名誉ある賞を受賞し、国連で熱弁をふるい、彼女の勇気をたたえる大勢の権力者やリーダーと対談しました。バラク・オバマ、アーノルド・シュワルツェネッガー、デイビッド・アッテンボロー……挙げればきりがないほどです。

グレタ・トゥンベリは、2018年12月に『タイム』の「世界でもっとも影響力のある若者25人」に、2019年には「パーソン・オブ・ザ・イヤー」に選ばれました。ダライ・ラマは手紙のなかで、彼女がほかの若者たちを鼓舞して声をあげさせる姿を見て勇気づけられた、と書いています。彼女の効果は大きく、与えた影響はすさまじいものです。

たったひとりの人間が、なぜこれほどまでの影響力をもつことができたのでしょう？

グレタは、以前アスペルガー症候群の診断を受けたとき、自分のなかでいくつかの条件が整ったと述べています。彼女はアスペルガー症候群を、「世界を異なる角度から見る手助けをしてくれる力」だと表現しています。グレタは多くの点でユニークです。

Ａｗｅの研究によると、人は、自らの行動を通じてモラルを高めてくれる人に惹かれるといいます。英語では「モラルビューティー」と呼ばれ、他者の行動や態度のなかに美しさを見出すことです。

大きなもののために尽くすことを選んだ人々

いつの時代も、私たちは人間のなかの最高の姿を映し出す人々を尊敬してきました。

グレタは、ガンディーやマーティン・ルーサー・キング、ローザ・パークス、マザー・

テレサ、ネルソン・マンデラ、マララ・ユスフザイ、ダライ・ラマなどと同じと言えます。みな、今日では英雄とされていますが、最初は大きなもののために尽くすことを選んだ「ただの一個人」だったのです。そして誰もが、奪われた自由、自らの生活、体、名誉をかけた戦いの代償を、何度となく払わなければなりませんでした。

マザー・テレサがコルカタで貧しい人や飢えた人のために働く映画を見た人は、迷走神経の働きが非常に活発になるとわかっていますが、これはＡｗｅの兆候です。彼らは、胸のうちにあたたかいものが広がる感覚を経験しました。脳はこのとき、社会的な集団と結びつく準備をしていると考えられます。

マーティン・ルーサー・キングやグレタ・トゥンベリについて知るとき、私たちは「何か大きなもの」を目撃します。その直後に本能的に思うのは、この経験をほかの人と分かち合いたいということです。話したり、投票したり、デモをしたりして、大きなものにかかわりたいと思うのです。

妥協することなく問題に取り組む人を前にすると、非常に謙虚な気持ちになり、自分も何かをしなければならないのではないか、少なくとも何かを感じなければならないのではないかという気持ちになります。

最近発表された研究でも、まさにこのことが示されています。人は、自分の世界観に影響を及ぼすほど大きなものにかかわっていると、自分自身が小さくなったように感じ、自分を大きなものの一部としてとらえる傾向にあると研究者たちは言います。その結果、より謙虚で社会的になるのです。

「私利私欲」を捨てたとき、結びつきは強くなる

人を動かすのは、人です。ある研究で、感謝や共感やＡｗｅといった「高ぶった感情（自己超越）」が、家族、隣人、同僚、ほかの社会的なグループなど家族以外の人に対して、もっと尽くそうとする意識を生み出すとわかりました。

「私利私欲」を捨てたとき、その結びつきはとくに強くなるようです。誰かを助けたいとか、ちょっと回り道をして誰かに会いたいというように、他者のために何かをすることで、親密な関係が築かれます。人間関係がうまくいったり、いかなかったりするのは、共感や感謝やＡｗｅのような感情が存在するからかもしれません。

いずれにしても、研究者は、集団のなかでしばしば起こる問題に立ち向かう必要があるとき、この知識を活用すべきだと考えています。

共感は、周囲へのいっそうの配慮を促します。感謝は、尽くす意識と信頼を築きます。そしてＡｗｅは、連帯感を生んだり、自己中心性を抑えたりする効果で、結びつきを強くするのです。

「そばにいる大切な人」に対する見方が変わる

「尊敬する人間」に対するＡｗｅには、もうひとつ別のタイプがあります。権力、名声、偶像崇拝、地位を象徴する偉大なものを前にしたときに湧き上がってくる感情を、「畏敬の念に満ちたＡｗｅ」と呼ぶことにしましょう。王様、大統領、サッカー選手、テレビタレント、映画スター、芸術家。彼らはみな、その感情を呼び起こします。

とはいえ、私たちはつねに誰かを尊敬していなければならないのでしょうか？　カリスマ的リーダーや有名人がいないことはよくないことなのでしょうか？

ペンシルバニア大学の研究者たちは、「ふつうの人間関係、つまり対等な立場にある人のあいだでもAweは生まれるのか」を調査することにしました。これは、身近な人によってAweが呼び起こされるかどうかを測定した、初めての研究でした。

研究者たちは、定量的測定に加え、被験者の話をより詳しく見るために、質的研究を行うことにしました。このことによって、被験者がどのように感じたか、どういう状況だったか、Aweを感じた相手とはどんな関係にあったかを知ることができました。

ある男性はこう語りました。「妻が病院の腫瘍内科で診断と予後を知らされたとき、さまざまな感情に混じってAweを感じました。妻は、自分がまもなく死ぬこと、残された時間があとどれくらいかということ、苦しみをやわらげるために何ができるかということを医師から伝えられました。すると、妻は答えました。『しかたありませんね。手を尽くしてくださり、ありがとうございます』。妻は私よりずっと強い人間でした」

身近なところでAweを見出すとき、さまざまな思いが同時に呼び起こされます。研究者たちは、「強いAwe体験」をしたあと多くの人が、そばにいる大切な人に対する見方が変わり、「日常のなかで得られるものがもっとある」と考えていることを発見しました。

Ａｗｅとは、「特別なもの」に対する反応ではなく、「ふつうのもの」に対する特別な反応なのかもしれません。そうだとしたら、私たちの日々の生活は、考えているよりもずっと大きな力とインスピレーションの源になっていると言えます。

哲学者アリストテレスが教えてくれる「３つの友情」

古代ギリシャの哲学者アリストテレスが人と人との関係をどう見ていたか、もっと言えば、「友情」をどう見ていたかについて話しましょう。

彼は友情を「３つのタイプ」に分けました。

まず「実用の友情」は、ある目的にかなったものであり、双方に何らかのメリットがある場合に生まれ、維持される関係です。同僚や顧客とのあいだで生まれることが多いのですが、得られるものや引き出せるものがなくなると離れていきます。

次に「快楽の友情」は、あなたを幸せにし、気分を高めたり、やる気を起こさせたりするもので、あなたが楽しいと感じるかぎり続きます。

これらふたつの友情は「偶然」生まれることもありますが、最後の友情は慎重に選ばれたものです。

3つ目、「善の友情」は、お互いの強みや能力を認め合うことで生まれます。ここでは、人に焦点が置かれます。この友情を育むには〝時間〟と〝栄養〟が必要ですが、ひとたび構築すれば、生涯にわたって続くでしょう。


ありのままの自分を見てもらうことは、強い絆を生むだけでなく、強い感情も呼び起こします。

2010年、アーティストのマリーナ・アブラモヴィッチは、ニューヨーク近代美術館で、「世界最長のパフォーマンス」を行いました。1日8時間、約3か月間で合計750時間、椅子にじっと腰を下ろすというものです。来場者はマリーナの向かいの空いた椅子に自由に座ることができ、ずっとマリーナの視線を浴びることになります。

ふたつの椅子と、そのあいだにあるテーブル。このパフォーマンスには来場者の参加が不可欠なため、キュレーターはうまくいくか気が気ではなかったと言います。

しかし、マリーナ自身は心配していませんでした。結果的に、大勢の人が押し寄せ、来場者は何時間も列をつくり、一番乗りになろうと寝袋を持ってきて美術館の外で眠った人もいたのです。

マリーナは、のちにこうコメントしています。「ニューヨーク近代美術館は、ルルド［フランスにあるカトリックの巡礼地］のようでした」

誰もが、彼女に会いたがっていました。来場者のうち78人は、合計20回も足を運んで、存在感真っ赤な厚手のウールのロングドレスをまとったマリーナの向かいに腰を下ろし、たっぷりの熱いまなざしを向けられました。まさに、このパフォーマンスのタイトル「The Artist is Present（アーティストはここにいる）」にふさわしい内容でした。


来場者は合計で数千人にのぼり、その多くは、マリーナと同じように感動して涙を流しました。何時間も座っていたのに、数分にしか感じられなかったと答える人もいました。

その後、制作されたドキュメンタリー番組のなかで、マリーナ・アブラモヴィッチは、自分はその人自身の姿を映し出しただけだと語り、その効果を説明しました。

彼女がしたことは、彼らが自分自身を見ることができるように、彼らを見ることだけだったのです。そして、マリーナはこうつけ加えました。「こんなに多くの痛みを見たのは初めてです」

【ワンダージャンキー（Aweを原動力に生きる人々）のエピソード 2 】

レイ・アン・ヘニオン

子どものような好奇心を取り戻したいと願うジャーナリスト

毎年、秋になると彼らはやってきます。最初は小さな群れがちらほらと、そのあとはどんどん増えていきます。数百羽がすぐに数千羽になり、やがて数百万羽になります。彼らはあっという間に木々を燃えるような黄色に染め、羽ばたきで空を埋め尽くします。ほかに類を見ない光景です。

これは、「オオカバマダラ」という種類のチョウの移動です。アメリカから飛んできたこの群れは、5500キロという想像を絶する旅を経て、メキシコの山のなかに降り立ちます。ここのマツの木は、美しいチョウたちにとって絶好の休憩場所なのです。木の表面はまったく見えなくなり、すべてが太陽のような黄色い羽で覆われます。

この〝特別なイベント〟には、不思議な点があります。「なぜチョウたちが、同じ木に戻ってくるのか」ということです。

オオカバマダラの成虫はひと月しか生きられないので、メキシコとアメリカを往復することはできません。にもかかわらず、この群れは毎年同じ木を目指してやってくるのです。

アメリカのジャーナリスト、レイ・アン・ヘニオンは、2007年にオオカバマダラの移動をテーマにした旅行記の執筆依頼を受けたとき、このチョウの特性についてまったく知りませんでした。ですが、実際にシエラ・チンクアの山のなかでチョウに囲まれたとき、彼女は目の前の光景にすっかり心を奪われました。

その感動が忘れられず、彼女はこう思いはじめました。「世の中には、私が知らないすばらしいことがどれだけあるのだろう?」


「私は、『知らない』ということにもっと慣れなければならなかったのです」

——レイ・アン・ヘニオン

それから数年後レイ・アンに第一子が生まれたことで、彼女の探究心はいったん落ち着きました。出産は、彼女にとって最大のAwe体験になったのです。

レイ・アンは、次のように話しています。

「出産のとき、体が裏返ったような感じがしました。私は、生と死をつなぐパイプになりました。それは驚異的な体験であると同時に、ひどく恐ろしいものでもありました。さまざまな感情が同時に湧き起こり、圧倒されました。そこに一抹の恐怖が含まれていたのは、なんとも不思議です。なんだか、雄大な景色を前にしたときのように、自分が何か大きなものの一部であるという気がしました。自分はすべてのものとつながっているんだ、というような。

Ａｗｅは、自分にはコントロールできないものがあると実感させてくれます。それは、子育てにおけるすばらしい教訓のひとつです。人は誰しも、『コントロールできない』という感覚を認めようとはしません。でも、自分がより大きなものの一部であると感じることは、自分は小さな存在であり、世の中のすべてを知っているわけではないと認めるのと同義です。その感覚を求めて、私はＡｗｅを探していたのだと思います。私は、『知らない』ということにもっと慣れなければならなかったのです」

しかし母親としての生活は、彼女の思い描いていたようにはなりませんでした。自分を見失い、外の世界とのつながりを失ったように感じていたのです。

そしてレイ・アンは、新しいＡｗｅの冒険に出ました。最初に足を運んだのは、光り輝くプエルトリコの海です。「発光現象」を引き起こすのは、この海にいるプランクトンだと言われていますが、それを知っていても神秘的な気持ちになったのです。

その後も、彼女はさまざまな場所に足を運びました。北極でオーロラを見て、ベネズエラで雷雨に遭い、ハワイの活火山まで訪れました。彼女の経験は最終的に、『大自然の驚異（Phenomenal）』（未邦訳）という1冊の本になりました。

「いまは、Ａｗｅを感じられるように、余裕のある生活を送ることにしています。私は長年かけてＡｗｅを経験してきましたが、それについて話すのには抵抗がありました。Ａｗｅという概念を大人になってから受け入れるのは簡単ではありません。私たちはＡｗｅを子ども時代の象徴と見なす傾向があります。Ａｗｅに酔いしれる人々の言うことに、真剣に耳を傾けようとしないのです」

やがてレイ・アン・ヘニオンは、自分が求めていたのは、単に「Ａｗｅを見つける」ことではなかったと気づきました。Ａｗｅを「深く理解する」ために旅をしていたのです。

彼女はいま、世界はＡｗｅであふれていると感じています。

「以前の私は、初めて子どもを産んだときのことや、祖母が天国に旅立ったときのことをＡｗｅ体験としてとらえてはいませんでした。でも、その認識は変わりました。いまは、あのふたつの体験は私の最大のＡｗｅ体験だったと思っています」

大いなる神秘に触れ合いたくなったら、レイ・アンはノースカロライナ州の家のそばにある小川に降りていきます。

石をいくつかひっくり返すと、サンショウウオが飛び出してきます。魚とトカゲとヘビとカエルを合わせたような、ぬるぬるとした生き物。恐竜時代から変わらずここで生きている奇妙な水生動物は、私たちがもっと大きなものの一部であることを彼女に思い出させます。

そう、Ａｗｅは私たちのすぐ近くにあるものなのです。

——作家、ジャーナリスト　レイ・アン・ヘニオン

Aweの源 スキル

自分ではとうてい及ばない能力に抱く感情

すばらしい才能や頭脳、卓越した専門知識――類まれな能力をもつ人は、ときに物理的な限界を超えて何かを成し遂げます。私たちは、自分ではとうてい及ばない能力を目の当たりにしたときに、Ａｗｅを感じます。

世界には、身体能力を活かして驚くようなパフォーマンスを披露する人たちがいます。ロシアの棒高跳び選手セルゲイ・ブブカは、人間が限界を超える瞬間を何度も見せてくれました。現役時代、彼は数多くの世界新記録を打ち立てました。35回も記録を塗り替え、今日でも6・14メートルという屋外世界記録を保持しています。

２０２０年2月8日には、スウェーデン系アメリカ人の棒高跳び選手アルマンド・デュプランティスが、前人未到の6・17メートルを跳んで、屋内の世界記録を樹立しました。
いったい、人間はどれだけ高く跳ぶことができるのでしょう？

1968年、フランス人のフィリップ・プティは、歯医者の待合室で新聞を開きました。そこには、ニューヨークに世界でもっとも高い2本のタワーが建設されると書かれていました。彼はめまいに襲われました。タワーが完成したら、そのあいだで綱渡りをすることになると直感的にわかったのです。

6年後の1974年8月7日午前7時15分、そのときがやってきました。高さ416メートルのツインタワー（現在は解体されているワールドトレードセンター）のあいだに渡された、太さ2センチのワイヤーの上を歩くのです。

命綱はありません。50分かけて、フィリップは2本のタワーのあいだを8往復します。ワイヤーに腰かけて下に集まった観客にお辞儀をしたり、寝そべって頭上を飛ぶカモメに話しかけたりする余裕もあります。

朝の通勤ラッシュのなかで何千人もの人々が足を止め、鳥肌の立つような光景を見上げて驚いていました。

すごい科学的発見を「シェア」したくなる理由

毎年、科学技術分野において世界でもっとも優れた研究者にノーベル賞が授与されます。受賞者の多くは、私たちにもなじみのある驚くべき発明や功績を残した人です。

たとえば、2016年のノーベル化学賞は、オランダの科学者ベルナルト・フェリンハに贈られました。

彼はミクロの世界に目を向け、マシンやモーター、筋肉を分子レベルでつくり出すのに成功しました。これは、人間の生来の感覚を超えたチャレンジだと言えます。

現在、体のなかのさまざまな部分に薬を運ぶ装置「ナノロボット」の研究が進んでいるのは、彼の研究のおかげです。

科学技術の分野での発見は、Ａｗｅを引き起こします。

ある研究チームは、直近の半年間に『ニューヨーク・タイムズ』に掲載された記事のなかで、どれがもっとも多くシェアされたかを調査しました。すると、読者はネガティブな内容よりポジティブな内容を、しかも複雑な内容の長い記事をシェアする傾向があるとわかったのです。これには、調査にかかわった全員が驚きました。

しかし、もっとも重要なのは、読者が自分にＡｗｅを呼び起こした記事――とくに自然科学的な内容の記事――を「ほかの人に読ませようとした」ことです。

研究者のひとりは、こうコメントしています。「一般論ではありますが、『感情』と『行動』はつながっています。Ａｗｅは非常に強烈な感情です。世界や自分に対する見方が変わるような記事を読んだら、誰かに話したくなりますよね。自分が抱いた感情を相手と分かち合いたいと思い、実際に相手も同じ感情を抱いたとき、互いの距離は大きく縮まるのです」

つまり、自然科学系の記事を積極的にシェアする人たちは、友人を感心させたいだけでなく、感情的なつながりを築きたいと思っているのです。

なぜ、メキシコのピラミッドに人が集まるのか？

年2回、春分の日と秋分の日になると、メキシコのユカタン半島にあるチチェン・イッツァのピラミッドには何千もの人が集まります。季節の移り変わりを祝う儀式のためだけではなく、「驚くべき現象」を目にするために、世界じゅうの人々がこの地を訪れるのです。ある瞬間、全員が立ち上がり、視線をピラミッドの北側部分に向けます。西暦1000年ごろにマヤ人によって建てられたこのピラミッドは、マヤの神ククルカンを祀《まつ》っています。

「昼と夜の長さが同じになる日」、ここで特別な現象が起こります。その日だけは、太陽がピラミッドに影を落とし、2匹の蛇がピラミッドの側面を這っているかのような模様が浮かび上がるのです。

その模様は、階段の終わりにある2匹の蛇の石像の頭とつながります。何とドラマチックな演出でしょう！　マヤ人がもっていた天文学の知識の膨大さと、その建築技術には驚かされるばかりです。

サンフランシスコのゴールデンゲートブリッジの「色」

『ニューヨーク・タイムズ』によると、アメリカでは建築物のデザインが大きく変わりつつあり、Aweの不足が心配されているといいます。

かつて、アメリカの建築物には夢があふれていました。たとえば、実現不可能なプロジェクトと考えられていた、サンフランシスコのゴールデンゲートブリッジ。激しい海流が渦巻き、嵐や地震も頻繁に起こるあの地域では、いつ橋が壊れてもおかしくありませんでしたが、建築家はプロジェクトをやり遂げました。

1937年、当時の土木工事の最大の偉業となる「赤い橋」が完成しました。支間1280メートル、水面からの高さ67メートルのこの橋は、その後長いあいだ、世界最長のつり橋でした。

サンフランシスコが誇るこのランドマークには、毎年1000万人以上の観光客が訪れます。旅行アプリのレビューにはこう書かれています。「ゴールデンゲートブリッジを見るたびに、感動で言葉を失います」

アメリカ海軍は、この橋を「黄色と黒のストライプ」に塗装することを提案したといいます。もし海軍の希望が通っていたら、ゴールデンゲートブリッジはいまと同じ扱いをされていたのでしょうか？　あるいは、陸軍が提案したように赤と白のストライプになっていたら？　当時の世論に従って、無難な黒か白かグレーにしていたらどうでしょう？

アーヴィング・モローは、橋を赤色のままにするよう主張したデザイナーです。もともと、錆止めに使用した下塗りの色だったのですが、周囲の青色にあまりに美しく映えるのを見て、この色を正式な色にすることに決めました。

しかし、批判がなかったわけではありません。

作家のデイヴ・エガーズは、児童書『この橋はグレーじゃない（This Bridge Will Not Be Gray）』（未邦訳）で、この橋の誕生について描いています。彼はインタビューのなかで、「何かを永久に残すことによって、歴史を変えられる」と強調しています。

鮮やかな赤色の橋は、一瞬たりとも輝きと賞賛を失うことはありません。この橋は、建築家の技術とデザイナーの先見の明という、ふたつの輝きを象徴しているのです。

そのオーディションで、なぜどよめきが起こったのか

彼女が決意のこもった足取りでステージに上がってくるようすを、広角レンズのカメラが映し出します。白いパンプスが、硬い木の床を叩きます。金色に輝くドレスは、髪型と

同様に少し古臭い感じがします。黒いストッキングは、明らかに装いに合っていません。

その女性――スーザン・ボイルは、その空間にそぐわない存在でした。はっきり言って、周囲の誰よりも老けて見えました。

彼女がステージの中央に立つと、カメラはアングルを変えます。審査員席には、ピアーズ・モーガン、アマンダ・ホールデン、酷評で有名なサイモン・コーウェルらが座っています。

これは2009年4月11日に行われた才能発掘ショー「ブリテンズ・ゴット・タレント」のオーディションです。

サイモンがスーザンに出身地を尋ねます。スーザンは、ウェスト・ロージアンのブラックバーンという小さな町だと答え、緊張のあまりおしゃべりを始めてしまいました。年齢を聞かれたスーザンが「47です」と答えると、会場にざわめきが広がりました。サイモンが目を見開きます。スーザンが気取った顔で腰をくねらせると、審査員はますます怪訝《けげん》な顔をしました。

スーザンは、プロの歌手を目指していると話します。カメラが観客席を映し出し、友だちに向かって「ありえない」というように顔をしかめている女性の姿が、アップになりました。スーザンが、イギリスのもっとも偉大なアーティスト、エレイン・ペイジのようになるのが夢だと付け加えると、観客席がざわめきました。

スコットランドの小さな炭鉱町から来たこの女性――ネコと一緒に暮らしていて、一度もキスしたことがないと話す処女――にとって、状況はますます悪くなる一方でした。スーザンはこれまで、ウェスト・ロージアン・カレッジで料理人として働き、チャリティー活動を手伝ってきましたが、現在は無職。これから何が起こるのでしょう?

彼女がこれから歌う、ミュージカル『レ・ミゼラブル』の「夢やぶれて」の前奏が流れます。審査員は真剣な顔をしていますが、観客は明らかにとまどっていて、口に手を当てている人もいます。

そして、スーザンが歌い出しました。すると、冷やかしではなく、会場がどよめきました。いや、どよめきというよりも叫び声に近く、「わあっ」というひとつの声になりました。驚いた顔、ぽかんと開いた口、吊り上がった眉。我慢できなくなった観客のあいだで、拍手が沸き起こりました。

スーザン・ボイルから出てくる音は神々しく、心の奥深くにある何かを揺さぶります。スーザンが歌い終わると、観客は立ち上がりました。

審査員たちは笑いながら、圧倒された表情を浮かべています。ピアーズ・モーガンは、「3年間、審査員を務めてきたが、こんなに驚いたのは初めてだ」とコメントしました。もうひとりの審査員であるアマンダ・ホールデンはこう述べました。「最初は、ほとんどの人があなたにいい印象を抱いていなかった。だから……とてもうれしい。なんだか目が覚めた思いよ。今日、あなたの歌を聴けたことを光栄に思っています」

『ガーディアン』は、のちにこう書いています。「スーザン・ボイルほどの速さで有名になった人がいるだろうか？」。現代のシンデレラストーリーと言ってもいいこのできごとは、インターネットの力を通じて一気に広まりました。彼女が初めてステージに現れてから10日後には、ユーチューブでの再生回数が1億回に達しました。

『ガーディアン』は、成功を収めるまでに何年もかかったビートルズや、10年もかかったマドンナを引き合いに出し、このできごとを論じました。とはいえ、スーザンの成功は、誰かと比べられるものではないでしょう。

スーザン・ボイルの歌声が急激に拡散されたわけ

スコットランドの未婚の年配女性がすばらしい歌声を披露したというこのニュースは、彗星《すいせい》のように降ってきて、瞬く間に広がりました。いまでは、動画の再生回数は3億6000万回にのぼります。すさまじい数です。

2009年11月に発売されたファーストアルバムは、イギリスの初週売り上げの最高枚数を記録し、アメリカでは、その年のアルバム売り上げランキング二位に輝きました。いったい何が起きたのでしょう？

ラニ・シオタに会ったとき、この現象にはＡｗｅがかかわっているのではないかと尋ねてみました。彼女は大きくうなずきました。

初めて彼女の歌を聴いたときの、観客の心の動きを想像してみてください。観客は、時代遅れの服を着た、妙な中年女性がすばらしい歌を歌うなんて、考えてもいませんでした。しかし、スーザンの歌は、すばらしいを通り越して、感動的なものでした。

つまりこのとき、Ａｗｅに必要なふたつの要素が生まれたのです。

ひとつは、受け止めきれないほどのスケールの体験をしたこと。つまり、彼女の歌声です。彼らは、自分よりも大きなものを前にして圧倒されていました。

もうひとつは、何が起きているのかを理解できなかったことです。自分の予想に反してスーザンの歌がすばらしかったという事実に、誰ひとり理解が追いついていませんでした。

あまりにも壮大なものや、飲み込むことができないようなものに直面すると、時が止まったような錯覚に陥ります。スーザン・ボイルの物語が始まったのは、この時が止まった瞬間でした。

時間と空間のはざまで、スーザンに懐疑的だった観客は、言葉では表せないような体験をします。すると、彼らは自分の経験を誰かと共有せずにはいられません。

つまり、スーザンが成功した理由は、歌声が美しかっただけでなく、テレビの演出と人々の自然な反応がプラスに働いたからなのです。Ａｗｅがひとりのスターを生み出した貴重な例と言えます。

もっともＡｗｅを呼び起こす建物は「教会」

すばらしい造形物は、感情を刺激します。とくに建築の分野では、一流の技術を備えた職人たちが、多くの人に感動を与えてきました。

１９５９年にフランク・ロイド・ライトによって建てられたニューヨークのグッゲンハイム美術館を例に考えてみましょう。半世紀以上前に建てられたにもかかわらず、この建物はいまだ近未来的な雰囲気を醸し出しています。映画『メン・イン・ブラック』の撮影に使われたのも、異世界のようなユニークな形が理由でしょう。

外観だけでなく、なかも非常に興味深いものです。天井に向かってらせんを描く通路は、いつ見ても圧倒されます。

もちろん、スウェーデン国内にもすばらしい建築物がたくさんあります。マルメにある「ターニング・トルソ」もそのひとつです。海抜１９０・４メートルを誇るこの建物は、スウェーデンでもっとも高いマンションです。

しかし、もっともＡｗｅを呼び起こす建築物は、おそらく美術館でもマンションでもなく、「教会」です。きっとあなたも、教会の空気に飲み込まれ、思わず隣の人に小声で感動を伝えた経験があるでしょう。思わず小声で何かをつぶやくとき、その人は感情に支配されています。つまり、Ａｗｅを体験しているのです。

すべての建物は、なんらかの目的のために建てられます。暖をとる、風雨をしのぐ、病人をケアする、知識を伝える、芸術作品を保存・展示する、人々が集まって話し合う、笑う、踊る、食べる……。建物の形は、基本的にそれぞれの目的に合わせて決められますが、人々の感情に訴えるために特徴的な形状になったものもあります。

私たちの心を強く揺さぶる古典的な建物を挙げてみましょう。インド・アーグラのタージ・マハル、イタリア・ローマのシスティーナ礼拝堂、スペイン・バルセロナのサグラダ・ファミリア、アラブ首長国連邦・ドバイのブルジュ・ハリファ、エジプト・カイロのピラミッド……。

目の前にそびえ立つそれらの建物は、印象的なデザインを通じて、高揚感やより大きなものとのつながりを私たちに感じさせてくれます。

しかし一方で、私たちを圧倒し、実際よりも小さな存在だと感じさせる効果ももっています。たとえば、かつての裁判所は力関係をはっきりさせるために、裁判官が被告よりも高い位置にくるように建てられています。ナチス・ドイツの主任建築家だったアルベルト・シュペーアは、権力と支配を感じさせるために建物を設計しました。

「宗教的な建物」は脳のある部位を刺激する

カナダ・ウォータールー大学の学生のハンナ・ネガミは、「建築」と「感情」、とりわけ「Ａｗｅ」に焦点を当てて、両者のつながりを研究しました。

Ａｗｅを引き起こしたのは、「建物そのもの」なのでしょうか？　そうだとしたら、建物の「どの部分のデザイン」がかかわっているのでしょうか？

威厳を感じさせるには、「建物の大きさ」が重要ということは以前からわかっていました。しかし、高い場所や、背の高い木もまた、私たちにＡｗｅを感じさせます。

ハンナ・ネガミは、建築物のどの部分がＡｗｅを引き起こしたのかを判断できるように、「内装の物理的な特徴」を数値化する基準を定めました。教会をはじめ、印象的な建物の写真60枚を対象に、たとえば、宗教的なシンボル、水の存在、繰り返し使われているモチーフといった、24の要素について評価が行われました。

彼女は、建築物の特徴と、呼び起こされた感情とのあいだに、明らかな関係があることを発見したのです。

天井の高い荘厳な内装は「緊張感」を生み出します。細かく施された細工は、「驚き」を引き起こします。たくさんの光と繰り返されるモチーフは「幸福感」を生み、それらのものが少ない場合は「恐れ」や「嫌悪感」につながります。

つまり、Ａｗｅを引き起こしていたのは、天井の高さやデザイン、建物の大きさや輪郭、そして繰り返し使われるモチーフだったのです。

ほかにも、絵や装飾品、柱やアーチ、彫刻や芸術品なども関係していました。この結果は、なぜ教会や寺院がＡｗｅを引き起こすのかを説明しています。

過去の建築家たちは、こうしたことを〝直感的に〟理解したからこそ、宗教施設のなかにＡｗｅを呼び起こす要素を取り入れたのです。

現在、ようやく科学技術が追いつき、脳のなかで何が起こっているのかをとらえられるようになりました。アメリカ・カトリック大学建築学科のフリオ・バミューデス教授は、

「宗教的な建物」が、普通の建物とは異なる脳の部位を刺激することを発見したのです。

教授は、建築家のグループに写真を見せ、彼らの脳をｆＭＲＩスキャナーで調べました。すると、宗教的な建物の写真を見た人は、感情的、知覚的な反応をつかさどる部分が活性化していたのです。

これは、彼らが強い美的体験をしたことを示しています。さらに宗教的な建物は、瞑想と同じように、脳の基礎ネットワークの活動を抑制することもわかりました。

つまり、教会や寺院が美しいことには重要な意味があるのです。そして、そうした建物が呼び起こすＡｗｅは、個人ではなく、その地に暮らす人々にとって欠かせないものなのです。

「シルク・ドゥ・ソレイユ」が与える感動の研究

サーカスのテントのなかに入ってみましょう。動物たちのことはいったん放っておいて、鍛え抜かれた体の「サーカス団員」を想像してみてください。

彼らが見せてくれるのは、大胆さと遊び心の融合です。宙返りをしたり、ブランコにぶらさがったり、高いところから飛び降りた人を力強い腕で受け止めたり。高い場所、巨大な空間、きらびやかな衣装にスポットライト。新しいサーカス。シルク・ドゥ・ソレイユ。そして、そうしたパフォーマンスが、どれほどのＡｗｅ効果を与えるかを考えてみてください。

カナダのサーカス団「シルク・ドゥ・ソレイユ」は、6年前からラスベガスであるショーを上演しています。信じられないようなアクロバットを駆使した水上サーカス、その名も「O（オー）」です。パフォーマーが命がけで息をのむような美しい演技を見せると、観客は歓喜の涙を流し、歓声をあげます。

シルク・ドゥ・ソレイユは、自分たちのショーが何千もの観客を惹きつけるのはＡｗｅのおかげだと確信し、民間の脳研究所「ラボ・オブ・ミスフィッツ（Lab of Misfits）」に調査を依頼しました。ショーが観客にどのような影響を与えるかを知ろうとしたのです。

シルク・ドゥ・ソレイユは、観客一人ひとりに永遠の感動を与えているのでしょうか？

「ラボ・オブ・ミスフィッツ」の創始者で神経科学者のボー・ロットは、知覚の専門家であり、人が周囲の環境をどのように認識しているのかを長年かけて研究してきました。

知覚とは、ものやできごとや言葉といった「感覚から得られた情報」を解釈する脳内のプロセスのことを指します。

ボー・ロットによると、脳は「世界をそのまま見る」のではなく、「自分にとって意味のある部分だけを見ている」といいます。知覚がどのように機能するかを理解すれば、自分自身に目を向けられるようになり、世界とのかかわり方もすっかり変わると彼は主張します。

「ラボ・オブ・ミスフィッツ」がシルク・ドゥ・ソレイユのために行った実験は、『ニューヨーク・タイムズ』や『フォーブス』、『ファスト・カンパニー』で取りあげられましたが、査読を受けて科学雑誌に掲載されるまでには至っていません。しかし、その結果の多くはほかの研究結果とも一致しているため、ここで紹介したいと思います。

「ラボ・オブ・ミスフィッツ」は、ラスベガスで「O」を観た80人を対象に調査を行いました。選ばれた80人は、コードとランプのついた小さな白い帽子をかぶり、脳の活動を測定されました。

被験者はまた、ショーの前と後で、いくつかの「心理テスト」と「知覚テスト」を受けました。そのなかには、「ほかの観客との位置関係を紙に描く」テストがありました。

Aweを経験した人は、自分を大きなグループ（観客）の近くに描いていました。研究者はこの結果を見て、まわりの世界に対してより近く、より開かれた気持ちになったからだと解釈しています。

別のテストでは、Aweを経験した被験者は、不確かなものや、自分の意見や知識と一致しない情報に対応しやすくなることがわかりました。Aweを経験した被験者は、自分の先入観と一致しない情報を、積極的に受け入れようとしたのです。

Aweは、私たちをよりオープンで寛容にし、偏見やステレオタイプから解放してくれます。その結果、私たちは新しいアイデアや異なる文化を許容できるようになるのです。

リスクをとる、謙虚になる、大胆になる

ここでいったん、シルク・ドゥ・ソレイユから離れ、ダッカー・ケルトナーとダニエル・M・スタンカトが最近行った研究を見てみましょう。彼らの研究でも、「Aweを経

験した人はよりオープンで寛容になり、偏見を捨てられる」という結果が出たのです。

ケルトナーとスタンカトは、Ａｗｅを経験した人に、「死刑制度」「警官による人種差別」「移民問題」といった議論を呼ぶような話題を振り、被験者が「自分の意見に反対する人に対して、どう反応したか」「政治観がまったく異なる人と会話をしなければならないときに、どう感じたか」を調べました。

その結果、被験者は相手を真っ向から否定するのではなく、自らの見解に疑問をもつようになりました。Ａｗｅによって謙虚になり、自分と異なる意見をもった人に寛容な態度をとったのです。


ショーの話に戻りましょう。シルク・ドゥ・ソレイユの公演では、「ラボ・オブ・ミスフィッツ」が選んだ被験者に、コンピューターで作成された風船をできるだけ大きく膨らませてもらう実験も行われました。

風船の大きさに応じて、被験者が受け取る「謝礼の額」が決まります。ただし、破裂した場合はほとんどもらえません。毎回、風船が最大でどれだけ膨らむかはコンピューターがランダムに決めているので、予想するのは不可能です。

このテストでは、Aweを感じている人は、「リスクをとる」傾向があることがわかりました。Aweを感じると「打算的な気持ちが弱まり、大胆になる」と、ボー・ロットは解釈しています。

いま私たちが説明したのは、ロットが行った心理テストや知能テストの結果です。これらは、最近のほかの研究結果とも一致します。

しかしロットの研究では、基礎ネットワークの働きが増加したというデータもあり、Awe研究における多くの知見に反しています。ロットの論文は査読を通していないため、ここでは取りあげません。

「自分の人生を変える」だけじゃない

Aweが「不確実性」への対処能力を高めるという点では、研究者の意見は一致しています。ボー・ロットはTEDのスピーチのなかで、「Aweは可能性を広げる」と述べました。突き詰めれば、Aweは「自分の人生を変える」だけでなく、「他者の人生まで変える」ことができるのです。

多くの人は、不確かな状況にいることを好まず、先のことをある程度予測できる状況を望んでいます。もし危険を察知できなかったら、人類はサバンナで生き残れなかったでしょう。

突如現れる脅威に対処するために、私たちの脳はあらゆる「パターン」をつねに探しています。これまでの経験や先入観を通じてものごとをパターン化し、その枠組みのなかに閉じこもろうとします。

しかし、不確実性のなかに足を踏み出し、未知の世界に身をさらさなければ、進化を遂げることはできません。「人類は進化のためにＡｗｅという感覚を与えられた」とボー・ロットは主張します。

さらに、Ａｗｅによって「対立」をなくすこともできるかもしれません。

他者と対立すると、人は相手を打ち負かし、自分が正しいことを納得させようとします。対立によって「何かを学ぶ」ことはありませんが、人類が発展するためには対立が欠かせません。ここで役立つのが、Ａｗｅです。

Ａｗｅがあれば発展を妨げることなく対立を解決できる、というのがボー・ロットの主張です。Ａｗｅは私たちを謙虚で勇敢にしてくれるので、シルク・ドゥ・ソレイユのパフォーマンスを目にしたときに感じるＡｗｅは、憎しみや怒りを鎮め、相手を打ち負かすのではなく理解しようと考えるきっかけになるとボー・ロットは言います。

つまり、シルク・ドゥ・ソレイユの公演をはじめとするＡｗｅ体験は、私たちの日々の不安、ストレス、人との対立に影響を及ぼすのです。

ボー・ロットは、「より充実した生活を送るために、できるだけ多くＡｗｅを感じる」よう私たちにアドバイスしています。

［ワンダージャンキー（Aweを原動力に生きる人々）のエピソード 3 ］

ハンス・ロスリング

驚きで世界に衝撃を与えた教授

彼は、世界の発展に関する講義を終えると、よく似合うぱりっとしたシャツを脱ぎました。色白でいくぶん贅肉のついた体の中年男性が、きらきら輝く金のスパンコールのついた黒いタンクトップを着て、学生たちの前に立っています。ドラムロールの音に合わせて、男性は学生に静かにするよう促します。そのあと、彼らは目をみはるようなステージショーへの参加を許されました。

ハンス・ロスリングは国際保健学の教授であり、サーカスが大好きです。ジャグラーが宙に向かってチェーンソーを投げたり、綱渡りのパフォーマーが10回連続でバック転をしたりするのを見ると、まるで子どものようにはしゃぎます。そう、彼はすばらしいパフォーマンスを見たときのAweの感覚が大好きなのです。

ロスリングはもともとサーカス団員になりたかったのですが、両親が許してくれなかったので、ウプサラで医学を学びはじめました。ハンス・ロスリングの両親に感謝している人は数多くいるでしょう。

人々に愛されたロスリング教授は、2017年2月7日に病気で亡くなるまで、「理解できないと思えるものを理解できるようにする」ことに力を注ぎ、世界に革命を起こしました。彼の使命は、私たちが考えている世界の姿と、実際の世界の姿とのあいだにある知識のギャップを埋めることでした。公教育において、ほかに類を見ないライフワークです。

「ちょっと腰の曲がった年配の教授が、とつぜんシャツを脱ぎ捨てて剣を丸飲みにするなんてこと、起こるはずがない」

——ハンス・ロスリングについて

ところで、彼はスパンコールのついた黒いタンクトップ姿で、何をしたのでしょう？学生たちにＡｗｅを感じてもらおうと考えていたのは間違いありません。だからこそ彼は、ここまで人気を集めているのです。

ロスリングはいつも、ドラマチックで大胆な言い回しで学生を魅了し、魅力的な映画や絵、物語、演劇を例に挙げてすばらしい講義を行っていました。

しかし、彼はもう1枚の切り札をポケットのなかに隠しもっていました。「剣を飲みこむ」パフォーマンスです。そして、そのパフォーマンスは大成功を収めました。


医者になる道を歩みはじめるまで、サーカス団員になって「剣飲みを披露する」という彼の夢は変わりませんでした。読み間違いではありません！　ロスリングがまだ学生のとき、食道の機能に関する講義で、講師が剣飲みをする人のレントゲン写真を見せました。その瞬間、子どものころの夢が呼び覚まされ、自分がすべきことを理解したのです。

彼はさっそく家に帰り、釣り竿を使って、練習を始めました。でも、数センチ口に入れたところで引っかかってしまいました。彼は落胆し、夢をあきらめました。

ところが3年後、病院で研修をしていたとき、せきをしている老人と出会いました。老人に職業を尋ねると、返ってきた答えは「剣飲み」でした。なんと、前に講義で見たレントゲン写真は、その老人のものだったのです。

人生とは不思議なものです。ロスリングは、ここぞとばかりにアドバイスを求め、長い釣竿で練習してみたもののうまくいかなかったと話しました。

老人は驚いた顔をして、こう言いました。「きみは医者だろう。食道は平らじゃないか！平らなものしか飲みこめない。だから剣を使うんだ」

その日、家に帰ったロスリングは、調理器具の「おたま」を用意し、おたまの柄の部分を使って練習を始めました。やがて、１８０５年製の銃剣を手に入れた彼は、完璧な剣飲みを身につけたのです。

ロスリングは、著書『ファクトフルネス　10の思い込みを乗り越え、データを基に世界を正しく見る習慣』（邦訳：日経ＢＰ）のなかで、剣飲みについて「いつの時代も人々を魅了してきた古くからの芸術」と書いています。

人々の固定観念を吹き飛ばし、Ａｗｅを生み出す芸術。彼は、学生たちの「不可能」という思い込みを覆すために、講義の最後に、あえてこのトリックを使ったのです。

ちょっと腰の曲がった年配の教授が、とつぜんシャツを脱ぎ捨てて剣を丸飲みにするなんてこと、起こるはずがありません。

ロスリングは、人は誰しも思い込みにとらわれていること、先入観が私たちの想像力を制限することを学生に伝えたかったのです。

さらに、それだけではなく、感動や好奇心やインスピレーションも与えたいと思っていました。自分が子どものころ、サーカスを見てＡｗｅを感じたときのように。

——ハンス・ロスリングは医師であり、カロリンスカ研究所の国際保健学の教授でした。

Aweの源

文化

「文学」もAweを呼び起こす

戦後のスウェーデンを代表する詩人、トーマス・トランストロンメルは、初めてイタリア・ヴェネツィアのサン・マルコ大聖堂を訪れたとき、感動のあまり涙で目の前が見えなくなって外に連れ出してもらったといいます。彼は、教会のある空間が、ほかの空間のかげに隠れてしまうことを、人生そのものにたとえました。

家に帰ったトランストロンメルは、人がAweを感じるときにたどる精神的なプロセスを一篇の詩につづりました。それは『ローマの弓（Romanska bågar）』というタイトルで、たびたび引用されています。「人間であることを恥じるな。誇りに思え！　あなたのなかには、屋根《クーポラ》が無限に広がっている。けっして終わることがなく、終わってはならないのだ」

アメリカでもっとも有名な詩人のひとり、メアリー・オリバーは、自然と美についての詩を書いています。「お聞きしたいのですが、美の存在にはすばらしい理由があると思いますか？　あなたがまだ、人生という名のこの冒険に魅了されていないのなら、何が足りていないのでしょう？」

私たち著者はふたりとも、大の文学好きです。ボーディル・マルムステーン、マリアンネ・フレドリクソン、J．R．R．トールキン、ジョン・アーヴィング、アルンダティ・ロイ、マリリン・ロビンソン、エリザベス・ストラウト……。彼らは、私たちの「Ａｗｅを感じるブックリスト」のトップに名前が挙がっています。

あなたのＡｗｅを呼び起こす作家は、誰でしょうか？

Ａｗｅへの最短ルートは「音楽」を聞くこと

「音楽」は、もっとも簡単にＡｗｅを生み出す文化です。芸術に大きな関心を寄せているダッカー・ケルトナーでさえ、「音楽のほうが強く、ダイレクトにＡｗｅを感じられる」

と述べています。

音楽はＡｗｅにつながる最短ルートであり、あっという間に鳥肌が立ったり、胸に何かがこみ上げてきたりします。音楽はとても身近なものであり、聞くのに特別な知識を必要とすることはほとんどありません。

ケルトナー教授は、オーム［インドの宗教で祈りの文句の前などに唱えられる呪文］やチャント［キリスト教の音楽で、礼拝の祈禱文などに節をつけて朗唱すること］といった「宗教的な演奏」は、とくに大きなＡｗｅを呼び起こすとも言いました。

少しずつ盛り上がり、複雑になるよう編成されたこれらの演奏は、聞いていると全身の毛が逆立つほどすばらしいものです。

「Ａｗｅが体内の炎症を抑える」という、画期的な研究を行う研究者のジェニファー・ステラーは、文化のもつＡｗｅ効果に大きな信頼を寄せています。

数年前、彼女は芸術の生物学的な面と感情的な面の影響を調べはじめました。そして、ある芸術展を訪れた３００人の心拍数、呼吸数と、コルチゾールの値を測定しましたが、分析結果はまだ出ていません。

ジェニファー・ステラーは、芸術を通して感じるAweが、コルチゾールの値の低下につながることを期待しています。「Aweのこうした効果を明らかにして、文化施設が私たちの精神的・身体的な幸福度を高めてくれていることを証明できればと思います」と彼女はインタビューで述べています。

芸術を月に数回楽しむ人は「死亡リスク」が低くなる

芸術を通して感じるAweを表す言葉は、スペイン語にもあります。「Duende」という言葉です。「人を深く感動させる、芸術がもつ神秘的な力」、あるいは「情熱の高まりを感じること」と訳されます。

写真家のエリック・ヨハンソンの例を挙げましょう。彼は、自身の個展「Places beyond」で、私たちの固定観念を覆す作品を数多く展示しました。そこにあるのは、まぎれもないAweでした。彼の作品を見たことがない方は、ぜひグーグル検索してみてください。どれも刺激的でおもしろく、考えさせられるものばかりです。

さらに、最新の研究では、芸術作品を月に数回楽しむ人は、芸術にまったく触れない人と比べて、「死亡のリスクが31パーセント低くなる」こともわかっています。

未来学者であり、哲学者であり、ユーチューブ動画「Shots of Awe」を作成したヤーソン・シルヴァは、もっともＡｗｅを呼び起こす現代の宮殿は「ＩＭＡＸシアター」だと言います。

シルヴァいわく、映画館の暗闇のなかでは、より大きなものと一体になりたいという欲求が膨らむのだそうです。

『アポロ13』『インターステラー』『マトリックス』、あるいは『インターセプション』といった映画に夢中になっていると、自分の存在を忘れて恍惚とすることがあります。自分に夢を見させ、空想の世界に入り込むのを許すと同時に、日常生活でときおり感じる疎外感や分断から解放された気分になるのです。

それは、かつての人々が、ステンドグラスから差し込む光、驚くほどの高さの天井、荘厳な空気、重厚なオルガンの音色を通じて体験していたものと言えるでしょう。

おすすめは「アップビート」テンポの音楽

ひとつの音が、ギターのネックの上に長く、長く漂うように残ります。音はきしみ、うなり、しなります。激しさとやわらかさをあわせもつ、独特なタッチ。音は、その空間に留まりつづけます。

ギタリストのカルロス・サンタナは、形や色や振動を変えながら音を紡いでいきます。音楽がもつＡｗｅの力を絵に描いたようなサンタナの曲、「哀愁のヨーロッパ」のライブバージョン。この曲は、私たち著者とラニ・シオタのお気に入りです。

シオタは、この曲がＡｗｅを呼び起こす理由を、「サンタナが、ひとつの音を数小節にわたって演奏することで、驚くほどの複雑さを生み出しているから」だと説明します。「だからこそ、この曲のライブバージョンは絶大な人気を誇っているのです」

ラニ・シオタは、「音楽」はＡｗｅをもたらす典型的な刺激だと言います。

音楽には、独創性と独特の複雑さがあります。その出発点になるのは音調であり、耳で聞くことのできる周波数の音と、それよりも何倍か高い音を含む音の高低で構成されます。

カルロス・サンタナが同じ音をいくつもの異なる方法で出せるのは、ひとつの音がコード全体を含む、この倍音のおかげです。音楽のもつこの「複雑さ」が、まさにＡｗｅを生み出します。脳が音楽のつくり出すパターンを取り込み、理解しようとするときに生じます。

音楽のつくり出すパターンとは、たとえばプリンスの「パープル・レイン」やローリング・ストーンズの「無情の世界」にあとから加えられた、その曲の中心となる旋律のことです。

たとえば、アリソン・クラウスの「Down to the River to Pray」、ミュージカル『レント』の「ウィル・アイ？」、ドナ・サマーとブルックリン・ドリームスの「ヘブン・ノウズ」、ザ・ノトーリアス・B．I．G．のラップ「モー・マネー・モー・プロブレムス」といった、さまざまなジャンルの音楽のなかに存在するものです。カルロス・サンタナが独自のＡｗｅの世界を生み出した、あの音調も例外ではありません。

いま挙げた曲のなかに、興味をそそられたものがあったでしょうか？

音楽の体験は個人的なものなので、Ａｗｅと音楽を結びつけて研究するのは非常に難しいものです。自分にとっては最高の音楽でも、別の人にとっては耳を塞ぎたくなる騒音かもしれません。また、どれだけ耳が鍛えられているかによって、聞こえてくるものも、聞こえたものを評価する能力も違ってきます。

研究者たちは、ある実験の結果から、カントリー・ミュージック、ポップ、宗教音楽、サウンドトラックといった「アップビート」と呼ばれるテンポのある音楽を聴くとき、人はもっともAweを感じると結論づけています。

次に、クラシックやジャズ、ブルース、フォークミュージックのような「深くて複雑な音楽」、そしてヒップホップ、R&B、電子音楽といった「エネルギッシュでリズムのある音楽」が続きます。メタルやロックといった「激しく反抗的な音楽」は、最下位でした。

この実験でAweを呼び起こしたのは「幸福感」でした。これはAweがポジティブな感情であるという考えと一致します。

音楽を聴いているときの感情の変化は、自分がいちばんよくわかっているでしょう。とはいえ一般的には、構造が複雑な音楽、クレッシェンドを含む音楽がAweの源になっていることは確かです。

Aweの研究者、デイヴィッド・イェーデンはこう述べています。「音楽は、聴き手に空想を促し、脳内の無限の空間を開け放つ力をもっている」と。

芸術のないい人生はＡｗｅのない人生

芸術家のジェニファー・アリソンにとって、「芸術のない人生はＡｗｅのない人生であり、Ａｗｅのない人生は価値のない人生」です。

彼女は「感覚処理障害」という持病を抱えており、感覚が過敏になるため、あらゆる音が増幅して聞こえたり、体に触れると衣服が紙やすりのように感じられたり、数字の４に青い色がついているように見えたりします。

子どものころから、頭のなかで流れつづける不協和音に苦しめられてきたジェニファーは、やがて自己流の治療法に走りはじめました。まずはアルコール、次にドラッグです。

すっかり依存症になってしまったころ、彼女はとつぜん、ある啓示を受け取りました。世界はひとつの大きなキャンバスであり、自分自身が被写体の一部なのだ、と。それがきっかけでジェニファーは絵を描きはじめ、ついにすべての感覚をコントロールする方法を発見しました。

現在、Ａｗｅを感じる力を高めてくれるこの独特の感覚は、ジェニファーの人生になくてはならないものになりました。彼女は、Ａｗｅが「全体を俯瞰するための視点」を与えてくれることに何よりも感謝しています。「Ａｗｅを感じると、いろいろな点と点がつながるのがわかります。本当にすばらしい《awesome》です」と、彼女はＴＥＤトークで話しています。

ジェニファー・アリソンの作品には、「Ａｗｅの源」がはっきりと描かれています。彼女はよく、自身のＡｗｅの源は「光」だと言います。

哲学者のエドマンド・バークも、光と影の織りなす模様の高尚さについて語っています。光は、そこに何かが隠れているような錯覚をもたらし、それがＡｗｅを引き起こします。光を前にすると、私たちの脳は活性化し、光と影がつくり出す模様を見極めようとするのです。

印象派の画家たちが描く「Ａｗｅの絵」とは？

クロード・モネと彼の作品『睡蓮《すいれん》』は、Ａｗｅ研究における重要な題材です。

モネは光をとらえることに長けていました。『睡蓮』を発表する前、彼はルーアン大聖堂をさまざまな時間帯に繰り返し描きました。干し草の山を描いた連作『積みわら』でも光が決定的な役割を果たしています。

しかし、彼を世界的に有名にしたのは、ジヴェルニーの庭に咲く、儚く輝く睡蓮でした。

モネの時代の画家たちが開いた芸術の新しいジャンルは、モネの作品のひとつ『印象・日の出』にちなんで「印象派」と名付けられました。興味深いのは、この絵が「日の出」という、Aweの源の第3位に入るものを描いていることです。

エドマンド・バークが言及した「光に隠された何か」は、印象派に続いて生まれた「抽象派」の芸術を特徴づけるものでもありました。抽象派の画家は、具象的なモチーフを描く代わりに、自由な筆づかいや色づかいを通して自身の世界観を表現したのです。

抽象派を代表する画家としては、ワシリー・カンディンスキー、カジミール・マレーヴィチ、ピート・モンドリアン、マーク・ロスコが挙げられます。ロスコは、「私の絵の前で泣く人は、私が絵を描いたときに感じたのと同じ気持ちを味わっている」と語りました。

ワシリー・カンディンスキーは、抽象画を描いた最初の人物とされています。しかしカンディンスキーは、自分もずっとあとになってから注目されるようになったスウェーデンの芸術家、ヒルマ・アフ・クリントに影響を受けたと言われています。

　ヒルマ・アフ・クリントの作品を見れば、大きなキャンバスに幾何学的なパターンやシンボルが単色で描かれているのがわかります。ピンク、黄色、オレンジ、紫、青。そして、円、うずまき、水玉模様に貝殻……。

　この女性画家が初めて抽象画を描いたのは、１９０６年に「寺院のための絵」を描くようにというお告げを受けたことがきっかけでした。ヒルマ・アフ・クリントは心霊主義者《スピリチュアリスト》で、降霊会に熱心に参加していました。彼女が伝えたかったのは、あらゆるものはひとつであり、世界は私たちの外側だけでなく内側にも存在する、というメッセージでした。

　彼女は計１９３点の絵画を制作しましたが、それらが世に出たのは、彼女の死後42年が経ってからでした。

人生を変えるほどの「強烈な芸術体験」をした人たち

ジャーナリスト兼作家のアンナ・ラエスタディウス・ラーソンは、スペイン・マラガのピカソ美術館で初めてヒルマ・アフ・クリントの絵を見たときのことを次のように語っています。

「展示室に足を踏み入れ、彼女の代表作である『De tio största（10の巨大なもの）』を目にしたとき、衝撃を受けました。『全身の毛が逆立つ』というのでしょうか。実際に逆立ったりはしませんでしたが、とても気持ちのいい体験でした。体と心が、その絵が何なのかを理解しようとしているのがわかりました」

彼女は常設展を見に来ていたのですが、名前も聞いたことのないスウェーデン人アーティストの展示を知らせる小さな看板を、たまたま目にしたのです。

そこにあったのは、彼女の想像をはるかに超えるスケールの作品でした。鮮やかで調和のとれた色彩。床から天井まで届くほどの圧倒的な大きさ。どの絵もさまざまなシンボルが描かれ、独自の世界観をもっていました。

アンナ自身は、そのときの感覚についてこう語ります。「全身に衝撃が走って、飢えにも似た好奇心で満たされました。『これは何？　どこから来たの？　もっと知りたい』というように」

彼女はＡｗｅの効果については何も知らなかったものの、「ヒルマ・アフ・クリントの絵を見たあとは、誰もがより謙虚で、内省的で、オープンになるはず」だと話しています。ヒルマ・アフ・クリントの絵との出会いは、彼女にとってもっとも強烈な芸術体験でした。いつもは冷静沈着なアンナでしたが、そのときは感情を抑えられなかったといいます。

この体験は、彼女の人生をすっかり変えることになりました。アンナは美術館を出るとすぐに編集者に電話をかけ、次の本のテーマはヒルマ・アフ・クリントだと告げたのです。

森のなかにいる気分になれる「ＶＲ映像」の効果

本書で何度も述べてきたように、「自然」はＡｗｅの源です。しかし、自然とテクノロジーを融合させれば、さらなるＡｗｅ効果が期待できます。

脳科学者のカタリーナ・ゴスピックは、瞑想とマインドフルネスのために、森のなかにいるような気分になれるＶＲ映像を作成しました。効果を最大限に引き出すために必要だったのは、散歩道の色を濃くすることでした。

別のＶＲ映像『Creating Awe』では、謎のキャラクターと一緒に、森や水中や宇宙といったあらゆる場所をまわる体験ができます。

これは、カナダのサイモンフレーザー大学で行われた実験で、VRを使ってさまざまな感覚を刺激し、Aweを引き起こせるかどうかを調べるものでした。

結果的に、被験者の43パーセントが、鳥肌が立つ感覚を味わったといいます。また、「他者とのつながりを実感した」「自分が抱えている問題がとるに足らないものだと思えた」といった感想を口にする被験者も多かったのです。

チベットの「砂曼荼羅」が見る人に感動を与えるわけ

Aweは、「模様」と「繰り返し」によっても呼び起こされます。

たとえば、自己評価に用いられる「Dispositional Positive Emotions Scale（DPES）」では、Aweを体験している人の特徴のひとつとして、「自分のまわりによく模様を見出す」というのがあります。

研究者のポール・ピフの実験では、「色のついた水滴が、牛乳の入ったボウルにスローモーションで落ちていく映像」が使われました。映像を見た人は、水滴が落ちた瞬間に牛乳の表面が火山のように盛り上がり、美しい模様が現れるさまに魅了されます。

「模様を描く」という行為を、真にすばらしい水準まで高めたのは、チベット仏教の僧たちです。驚くほど緻密に描かれた彼らの砂曼荼羅《すなまんだら》は、見る人に感動を与えます。

僧たちは、数々の模様を組み合わせて、1枚の絵を制作します。数時間、ときには数日かけてできあがった砂曼荼羅を、誰もが称賛します。訪問客は、衝撃や驚き、歓喜の言葉を口にします。

しかし、宇宙の神秘を描いているとされる曼荼羅は、しばらくすると僧たちの手で壊されるのです。長い時間をかけてつくられた美しい芸術作品が、一瞬にして跡形もなくなる——この儀式は、「諸行無常」を思い起こさせてくれます。

Awe体験は、この世界の「不確かさ」に慣れる訓練でもあります。未知の何かに触れ、すでに確立された思考パターンが崩れ、私たちは新たな理解と新たなつながりを手にします。そのため、私たちの先入観や固定観念を揺さぶり、壊し、新しい情報をもたらすすべての芸術は、貴重なAweの源と言えるでしょう。

しかし、モネの絵に描かれた睡蓮の花や、ヒルマ・アフ・クリントの大きなキャンバスに描かれたパステルカラーの印象的な絵が、必ずＡｗｅを呼び起こすとは限りません。結局のところ、何がＡｗｅのきっかけになるかは、その人にしかわからないのです。

ある人にとっては、それは1枚のシダの葉かもしれません。ある人にとっては、手のひらに舞い落ちたひとひらの雪かもしれません。

19世紀に描かれた名もなき油絵に感動を覚える人もいれば、現代的なインスタレーションに心を震わせる人もいるでしょう。あるいは、自分の手でつくり出した何かにＡｗｅを感じることもあるかもしれません。

ここ数年で人気になっているものに、「大人の塗り絵」があります。曼荼羅に色をつけることは、瞑想の一種であり、ますます多くの人をとりこにしています。心を休ませながら創造力を働かせられる塗り絵は、まさに理想的な娯楽と言えるでしょう。

［ワンダージャンキー（Aweを原動力に生きる人々）のエピソード 4］

マティーナ・ドモンコス・クレンメルとグニルラ・パルムスティエルナ・ヴァイス

Aweのサポートにかかわる学芸員と芸術家

マティーナ・ドモンコス・クレンメルは、人生に疑問を抱いたり、ストレスを感じたりすると、ストックホルムにある国立美術館に逃げ込みます。大展示室に飾られた作品を眺めるたびに、マティーナは、人は誰しも人生の意味を見つけようともがいているのだと実感します。

彼女はまた、芸術のなかに、何千年ものあいだ続いてきた命のつながりを見出します。人はいかにして人生の基盤を探し出し、いかにしてそれを描こうとするのでしょうか。愛、悲しみ、生と死。芸術作品を見ると、マティーナは希望とAweを感じます。「私だけじゃなくて、誰もが困難と闘っているんですね」

マティーナ・ドモンコス・クレンメルは、ハンガリーの芸術家一家に生まれ、絵と詩と音楽に囲まれて育ちました。現在は、「ドロシア・アート・イニシアチブ」を運営し、アートにかかわる活動を行っています。

私たちはマティーナと、彼女にもっとも大きな影響を与えた芸術家のひとりである91歳の陶芸家、彫刻家、舞台美術家のグニルラ・パルムスティエルナ・ヴァイスに一緒に話を聞きました。

マティーナもグニルラも、ともにＡｗｅをサポートする仕事をしています。一方は見る側として、もう一方はつくる側として。

グニルラは、イングマール・ベルイマンやペーター・ヴァイスの舞台美術を手がけたことで世界的に知られています。

彼女は、小説家で劇作家のペーター・ヴァイスと結婚し、ヨーロッパの文化界では誰もが知る存在になりました。シモーヌ・ド・ボーヴォワール、ジャン＝ポール・サルトル、アナイス・ニン、ウルリケ・マインホフ、ジョン・ケージといった著名人とも交流がありました。

ペーターとグニルラは、ベトナム戦争やキューバ革命の反対運動にかかわりながら、ストックホルム近代美術館を取り巻く知識人や芸術家たちの一員として活動していました。

「何かに夢中になっていると、ほかのものがすべて消えてしまい、いま目にしているものと一体化する感覚に襲われます。それがＡｗｅです」とグニルラは言います。

「その感覚は、自分の成長につながります。でも、私はＡｗｅを呼び起こすために作品を生み出しているのではありません。Ａｗｅはけっして目的ではないのです」

グニルラはただ、興味の赴くままに自分の才能を試しているのだ。

「何かに夢中になっていると、ほかのものがすべて消えてしまい、いま目にしているものと一体化する感覚に襲われます。それがＡｗｅです」

――グニルラ・パルムスティエルナ・ヴァイス

18歳になったばかりのころ、グニルラはパリで、6枚からなる15世紀のタペストリー『貴婦人と一角獣』を目にして衝撃を受けました。芸術を前にしてＡｗｅを感じたのは、それが初めてでした。

特徴的な模様、不思議な色合い、美しい花――強烈な体験でした。その日見た赤と金のタペストリーは、73年経ったいまでも脳裏に焼き付いているといいます。

グニルラは、若いうちから芸術の道に進もうと決めていました。焼け野原になったオランダのロッテルダムで第二次世界大戦を生き延びた彼女は、アムステルダムに移り、ドイツのバウハウス［第一次世界大戦後にドイツのワイマールに設立された美術学校］から逃れてきたある芸術家に教えを求めました。

最初は女性だという理由で断られましたが、1週間、毎朝アトリエのドアの前に座りつづけたことで、ついに弟子にしてもらうことができました。1年の見習い期間のあと、彼女は小さな水差しをろくろでつくるのを許されました。

その後スウェーデンで、スカンセン野外博物館に自身の陶芸工房を構え、壁を中心とした大型の彫刻作品を制作し、舞台美術の方面でも活動を始めます。やがて、舞台美術が彼女の芸術活動の中心になりました。2018年には北京で大きな個展を開き、現在も活躍しています。

マティーナ・ドモンコス・クレンメルは、グニルラの回顧録『記憶の遊び場（Minnets spelplats）』（未邦訳）を読んで、Ａｗｅを体験しました。グニルラがいかに芸術のなかで生き、いかに芸術が彼女の命綱になってきたかを知り、マティーナは心の底から感動しました。

「Ａｗｅは悲しみでもあります」とマティーナは言います。「Ａｗｅの悲しみは、大切な人を亡くしたときのそれとは違います。すばらしい音楽を聞いたときのような、美しい悲しみです」

Ａｗｅは基本的に「一瞬の体験」ですが、その体験がその後の人生の一部になるような「長期的なＡｗｅ」もあります。グニルラとマティーナのふたりが経験したのもそういう長期的なＡｗｅでした。

しかし、Ａｗｅの源は、時とともに変化します。マティーナは、自然にまったく興味がなかった過去の自分がおかしくなりました。かつての彼女は、人から刺激を受けることにばかりこだわっていたからです。

私たちと初めて会ったとき、マティーナはニュージーランドから帰ってきたばかりで、向こうで目にした美しい彫刻庭園にすっかり心を奪われていました。海に臨み、花と木々に囲まれた、40人ほどの芸術家が手がけた作品が並ぶすばらしい場所だったといいます。

「そこには、文字どおり、Ａｗｅがあふれていました。人がつくり出した芸術だけでなく、神の芸術作品である自然と、私自身の芸術作品である家族に対してもＡｗｅを感じたのです」

グニルラは、「Ａｗｅの源は時とともに変化する」という理論に同意しています。「つまり、それまでＡｗｅを感じていたものが当たり前になってしまうこともある」と彼女は言いました。

「だからこそ、好奇心をもちつづけることが大切です。好奇心をなくしてしまったときは、『さよなら』を告げるときです。それは死んでしまうのと同じですね」

彼女はまた、芸術のなかに、何千年ものあいだ続いてきた命のつながりを見出します。人はいかにして人生の基盤を探し出し、いかにしてそれを描こうとするのか。愛、悲しみ、生と死……。

芸術作品を見ると、マティーナは希望とＡｗｅを感じます。「私だけじゃなくて、誰もが困難と闘っているんですね」

——学芸員のマティーナ・ドモンコス・クレンメルと、
陶芸家、彫刻家、舞台美術家の
グニルラ・パルムスティエルナ・ヴァイス

Aweの源

スピリチュアリティ

「人生に迷ったとき」に何に答えを求めるか

人生は美しいものです。人生はまた、挑戦と、答えのない壮大な問いを繰り返し与えてくれます。人類は古来、内なる力を感じて大きなものの一部になることで、欠けているものを補い、人生に意味を見出そうとしてきました。

人生に迷ったとき、多くの人は、「スピリチュアリティ」と呼ばれるものに答えを求めようとします。スピリチュアリティとは、「自分よりも偉大なものの存在を信じること」であり、人類の歴史とは切っても切れない関係にあります。

スピリチュアルな存在は、私たちの心に触れ、行動を起こさせ、生きる意味を与えます。ときに団結させ、ときに分断します。

スピリチュアルな刺激を提供する人々は、いつの時代も世間の関心を集めます。テレビ番組のプロデューサーであり、世界的なセレブリティとしても知られるオプラ・ウィンフリーは、長いあいだ、「魂の代弁者」と呼ばれる人たちに注目し、自身の番組のなかでインタビューを行ってきました。

数年前、彼女はさらに踏み込んで、いまを代表するスピリチュアリスト100人を紹介しました。選ばれた100人は、ブレネー・ブラウン、エステル・ペレル、ディーパック・チョプラ、エックハルト・トール、トニー・ロビンズ、エリザベス・ギルバート、マリアン・ウィリアムソンなどの作家や演説家や、有名な宗教団体のリーダーたちです。彼らは、世界じゅうの何百万もの人々に影響を与えています。

私たちはみな、なぜここにいるのか、どこに向かっているのかを知りたがっています。そして同時に、何かから刺激を受け、どこかに所属したいと切望しています。

人間が抱える壮大な問いは、さまざまな形をとって歴史のなかで繰り返し現れてきました。哲学、瞑想、ヨガ、マインドフルネスなどは、私たちがその問いへの答えを求めて取り組むものの一例です。

ここ10年のあいだに、こうした取り組みに興味をもつ人が爆発的に増えました。あなたはどうでしょう？　答えを求めて、何かに取り組んでいるでしょうか？

「教会や寺院を訪れる人」は寿命が長い

スピリチュアリティが健康によい影響を与えることは、多くの研究から明らかになっています。「教会や寺院に通う習慣のある人」は、より長生きするといいます。宗教とのつながり、人とのつながり、あるいはその両方が、精神にポジティブな影響を与えるのです。

エルサレムのヘブライ大学は、「教会や寺院を訪れることが、人々の社会的ネットワークの大きさや長寿とどう関係しているのか」を調査しました。

その結果、「教会や寺院を訪れる人」の寿命が長い理由は、社会的要因とスピリチュアルな要因の両面から説明できることがわかったのです。そうした人々は、帰属意識と目的意識をもっていて、信仰によって内なる力を与えられています。

「宗教＝幸福」とは一概に言えませんが、信仰心の強い人は、信仰心が弱い人や無宗教の人と比べて、幸福度が高いようです。長生きするためには宗教をもつべきだと言うつもりはありませんが、この研究は非常に考えさせられるものです。

この章を書くにあたって、私たちはスピリチュアルな観点からＡｗｅの研究を行っているデイヴィッド・イェーデンに意見を求めました。すると、「複雑な質問だ」という答えが返ってきました。イェーデンと彼の研究チームは、Ａｗｅ体験はスピリチュアリティと関連していることは多いけれども、宗教とは結びつかないという結論に達しました。

たとえば、「祈り」や「瞑想」はＡｗｅを呼び覚ますきっかけになりますが、それは自然や音楽でも同じだとイェーデンは言います。「スピリチュアリティだけが特別なわけではありません。Ａｗｅはいたるところに存在するのです」

「何か大きなものを信じる」ということ

スウェーデンではあまり宗教が重視されていませんが、ほかの国では違います。たとえば、アメリカでは「信仰の自由」が憲法に明記されていて、国民にとって神が大きな存在であることがうかがえます。

しかし、数年前に行われた調査によると、アメリカ人と宗教の関係が変わってきているのがわかります。神を信じ、熱心に教会に通っているのはおもに1940年代以前に生まれた人たちであり、若者は宗教をそこまで重視していないことがわかりました。

一方で、若年層のほぼ半数が、少なくとも週に一度は「宇宙に対するAwe」を感じているといいます。また、彼らの4分の3が、強い感謝の気持ちを感じていて、その半数が最低でも週に一度は「深い精神的な安らぎ」を感じていると答えました。

宗教という形こそ失われつつありますが、何か大きなものを信じるということは生き残っているのです。

Aweとスピリチュアリティの関係については、いままさに研究が進んでいるところです。学生を対象にしたある実験で、「自分を大きく変えたスピリチュアルな思い出」を語ってもらったところ、彼らのスピリチュアルな体験のトリガーはさまざまでした。

しかし、きっかけが宗教であれ、自然であれ、人であれ、芸術であれ、誰もが深いAweを感じていました。つまり、宗教がなくても、スピリチュアルな体験はできるということです。

「スピリチュアリティ」は、信仰心の有無にかかわらずＡｗｅを呼び起こしますが、信仰心のある人とない人のＡｗｅの感じ方は異なっていました。前者は、スピリチュアリティを生と死に結びつけ、後者はヨガや自然や科学のなかにスピリチュアリティを感じていました。

何がスピリチュアルで何がスピリチュアルでないのかは、個人の感じ方によって変わってきます。今後、研究が進むにつれて、もっと手軽にスピリチュアルなＡｗｅを感じる方法もわかってくるかもしれません。

「スピリチュアルな体験」は脳を活性化させる

イェール大学とコロンビア大学の研究チームは、スピリチュアルな体験が脳のどの部分を活性化させるかを明らかにしました。その部分とは、頭頂葉の下に位置する「下頭頂小葉（ＩＰＬ）」です。

下頭頂小葉は、自分あるいは他者を意識するときに活性化します。研究チームは、宗教をもつ人ともたない人の両方にスピリチュアルな体験をさせたのち、ｆＭＲＩスキャンを行いました。

すると、被験者たちの脳波は似たような形状を示していました。つまり、スピリチュアルを感じるきっかけが違っていても、脳は同じように活性化したのです。

「スピリチュアルな体験」に厳密な定義はありません。被験者のなかには、神を身近に感じた人もいれば、自然との一体感に心を動かされた人も、スポーツの試合を観戦して気持ちが高ぶったという人もいました。「スピリチュアルな体験とは、宗教的な体験に限定されるものではない」と研究者たちは結論づけています。

スピリチュアルな体験は、驚くほどポジティブな感情を引き起こします。ポジティブでいることは、健康状態の改善をはじめ、さまざまなよい変化につながるでしょう。

私たちは、スピリチュアルな体験を生活のなかにどう取り入れ、その効果をどんなふうに活用するかを考える必要があります。

科学者は「人間を超越した大きな存在」を信じる

米アリゾナ州に拠点を置くＡｗｅの研究グループは、一定水準の科学知識をもつ人を対象に実験を行いました。

一般的に、科学的な考え方をする人は、神に対する信仰心が薄いと考えられていますが、実験結果は驚くべきものでした。「Ａｗｅ体験をした」と報告した科学者の全員が、程度の差こそあれ、神の存在を信じていたのです。彼らは「神を信じている」とは言わず、「人間を超越した大きな存在」を信じていると語りました。

この研究論文によると、科学的思考をする人は、論理的、分析的、批判的な考え方をする一方で、革新的で情熱的で、先見の明をもち合わせており、生命の複雑さや宇宙の神秘性にＡｗｅを感じることが多いといいます。

アインシュタインやセーガンのような科学者が数々の偉業を成し遂げられたのは、類まれな才能だけでなく、あふれんばかりの好奇心とＡｗｅのおかげでもあったのかもしれません。

研究者は、神や説明のつかないものの存在を理解するためにＡｗｅを活用できるのではないかと考えています。Ａｗｅが宗教と科学をつなぐかけ橋になる日が、いずれ来るのかもしれません。

信仰する人が経験したものでなければ意味がない

スピリチュアリティとは、学べるような理論ではなく、人生のすばらしさを主体的に、個人的に体験することです。スピリチュアリティを理解するには、自分で体験するほかありません。問題は、どうやったら体験できるかということです。

――カイサ・インゲマルソン（作家・神秘主義者）

研究者の多くは、スピリチュアリティとＡｗｅの関係を調べるとき、被験者が信仰する宗教ではなく、被験者たち一人ひとりが語る話に焦点を当てます。肝心なのは体験そのものであり、信仰や観念やイデオロギーではないからです。

スピリチュアリティの研究においては、心理学者・哲学者のウィリアム・ジェームズ

（1842年〜1910年）と、「自己超越（self-transcendence）」という言葉がよく取りあげられます。

ウィリアム・ジェームズは、現代宗教心理学の基礎を築いた人物です。彼は、真理の価値は「それを信じる人に利益をもたらすかどうか」にあると考えました。宗教的な言葉や真理は、信仰する人が経験したものでなければ意味がない、と。

実際、ムハンマド［イスラム教の預言者］も、聖ビルギッタ［スウェーデンの聖職者］も、洗礼者ヨハネも、ブッダも、最初は自らが大いなる体験をしています。

Ａｗｅの研究者たちが関心をもっているのは、抽象的な観念ではありません。神秘的なものや説明のつかないものにＡｗｅを感じている人、昇華状態（自己超越）にある人のなかにこそ、研究すべきものがあるのです。


かつての心理学において、スピリチュアリティはメジャーな研究対象ではありませんでした。スピリチュアルなテーマに関心をもつ思想家や心理学者は少なくなかったのですが、研究としては、科学的で非スピリチュアルなものがほとんどでした。

ウィリアム・ジェームズは、こうした当時の心理学に批判的であり、人間の感情は一般に認知されているよりずっと複雑だと主張しました。

フロイトの弟子であるカール・ユング、エーリヒ・フロム、ロベルト・アサジオリ、ヴィクトール・フランクルも、スピリチュアルな視点をもつ有名な思想家です。

1938年には、すでにユングが『心理学と宗教』という本を書き、1950年にはフロムが『精神分析と宗教』を書いています。

フランクルとユングが経験した「神秘的な体験」

ヴィクトール・フランクルは、4か所の強制収容所に収容された経験をもとに、人間は実存的不安を乗り越えるためにどうしたらいいかという問いの答えを模索しました。そして、人間の基本的な欲求は、意味を求めようとする意思だという結論に達しました。収容所での生活と、そこから得られた洞察をまとめた彼の著書『夜と霧』は、全世界で1200万部以上の売り上げを記録しています。

戦後、フランクルはこの考えをいわゆる「ロゴセラピー」に発展させました。「ロゴ」とはすなわち「意味」のことで、彼は「人生の意味を見出すセラピー」を生み出したのです。

フランクルは、多くの先人や同世代の哲学者、精神医学者、心理学者、さまざまな宗教に影響を受け、私たち人間を特徴づけているのは「精神《スピリット》」だと確信しました。

また、最近になって、ユングがスピリチュアルな体験をしたことを示す証拠も出てきています。生前のユングは科学の世界から外れることを恐れて、それを否定しつづけました。それでも、彼が次のような言葉を残したのは事実です。

「私が体験したことは〝不可解〟であり、正確に表現することができず、誰にも理解できないという意味で〝神秘的〟だ。そういうものの話をすれば、99パーセントの人は私の頭がおかしいと思うため〝危険〟でもある。だが危険を伝えれば、ほかの人をすばらしい体験から遠ざけてしまうかもしれない。それはまさに〝破滅的〟だ。そして、神や悪魔によって守られている神聖なものだから〝タブー〟なのだ」

Aweの研究者たちは、スピリチュアルな自己啓発、ピーク体験〔至高の幸福で満たされる体験〕、神秘的な体験といったテーマに焦点を当てて研究を進めています。

スピリチュアルな体験をした人が自分の体験をどのように表現するかは、その人の信仰の対象や価値観によって異なることがわかりました。ある人は神に言及し、ある人は、すべてを内包する普遍的な意識に触れているようだと述べました。

しかし、これらの感覚はすべてＡｗｅから生まれるものです。宗教的な感覚、瞑想やマインドフルネスによる深い洞察、自然にかかわる強烈な体験の背後には、「大いなるもの」に対する人間の喜びが隠れていると言えるのです。

チンパンジーは、どのようにAweを感じる？

Ａｗｅそのものが、宗教の礎だとしたらどうでしょう？　現代の宗教は、人間の祖先であるサルが体験したＡｗｅを論理的に発展させたものだとしたら？

ばかげていると思う人もいるかもしれませんが、この仮説はオランダの研究チームが最近行った実験にもとづいています。この研究チームは、Ａｗｅがいわゆる「意味づけ」をする感情であるかどうかを調べることにしました。

Ａｗｅは、私たちの世界の見方を規定するほど支配的なのでしょうか？　Ａｗｅは基本的な思考パターンの一部であり、私たちの人生観や意思決定に影響を与えるのでしょうか？　もしそうなら、Ａｗｅは人類の進化のなかで一貫して重要な役割を果たしてきたことになります。

Ａｗｅをたどれば、私たちが火打石で火をおこしていた時代をはるかに超えて、最古の祖先までずっとさかのぼれるでしょう。現代の私たちが不可解なものに意味を与えようとする理由も解明できるかもしれません。

前にも触れましたが、動物、とくにチンパンジーがどのようにＡｗｅを感じているかを示す実験があります。

イギリスの動物行動学者、霊長類学者のジェーン・グドールをはじめとする研究者たちのおかげで、「チンパンジーの行動には、感情が大きくかかわっている」ことがわかっています。チンパンジーは、時間をかけて特別な場所を探したり、日の出を眺めたり、意識的に自然現象を感じようとしたりします。

もしＡｗｅが意味づけをする感情だとしたら、私たちの進化にとって欠かせないものだと研究者たちは言います。

ホモ・サピエンスの段階まで進化すると、人類は徐々に「言語」を扱いはじめます。言語はさらに大きな世界を開きました。人類は、自らを歴史の文脈のなかに位置づけられるようになったのです。言語によって、私たちは過去と現在と未来をつなげ、抽象的なものを扱えるようになりました。

生き残るために集団が形成され、互いに仲間を大事にするようになりました。自然現象のような不可解な事象をどうにか言葉で言い表そうと、神秘的な説明が与えられました。雷鳴は神々の怒りとなり、ナイル川の氾濫は女神ハピを生み、神話や伝説は少しずつ形を成していきました。あらゆる宗教の基盤ができあがったのです。

このオランダの研究チームは、Ａｗｅとは「意味づけ」である、という結論に達しました。ものごとに意味を見出したり、自分の核となる価値観に気づかされたりしたときに、人はＡｗｅを感じます。

またＡｗｅは、注意力、記憶力、神経の活動に変化を与える感情でもあります。つまり、私たちの世界観やアイデンティティに長期的な変化をもたらすのです。

チンパンジーが経験しているとされるＡｗｅは、人類の認知的なルーツを示しているだけでなく、いまの私たちの経験とも関連している可能性があります。チンパンジーが陥る状態と、私たちの自己表現とのあいだには、密接なつながりがあるのです。

ラテン語の「Religare」は「結びつける」という意味です。私たちは、過去と未来、人と人とを結びつけるために——あるいは不可解なものと日常的なものを結びつけるために——宗教の力を借りたのかもしれません。いずれにしても、おもしろい理論ではないでしょうか。

［ワンダージャンキー（Aweを原動力に生きる人々）のエピソード 5 ］

ナヴィド・モディリ

人生に対する大きな問いの答えを探し求める「対話活動家」

ナヴィド・モディリは、物心ついたころからこう考えていました。「もっと何かあるはずだ。これがすべてじゃない。人生には言葉では表せない何かがあるに決まってる。そんなふうに感じてるのは、ぼくだけじゃないはずだ」と。

ナヴィドは自分の考えを疑おうとはせず、熱心にその「何か」を探しつづけます。

彼の人生はアイロニーに満ちていました。ナヴィドの両親はどちらも「過激な無神論者」で、イスラム教の圧制下にあるイランから逃れてきました。彼らは組織化された宗教や強制的な信仰から逃れようと、世界でもっとも宗教と無縁な国のひとつであるスウェーデンにたどり着いたのです。

両親に連れられてやってきた幼いナヴィドは、いまや番組プロデューサーであり、作家であり、「対話活動家」です。

一家がスウェーデンに移った5年後、ナヴィドの祖母もスウェーデンに移り住みました。彼女は信心深いイスラム教徒で、1日に5回も礼拝をしていました。ナヴィドは、祖母のヒジャブ［イスラム教徒の女性が頭や体を覆うために身に着ける布］のなかにもぐりこむのが大好きでした。

ゆったりとした布の下で、ナヴィドは祖母の動きを感じました。祖母はひざをついて両手をかかげ、手のひらを空に向けながら感謝の言葉を口にします。

祖母の声の響きと振動は、いつもナヴィドを安心させました。それは、彼が知るなかでもっともあたたかいものでした。やがて大人になったナヴィドは、祖母の礼拝から着想を得て、独自の朝の礼拝をつくり出しました。

「星を見上げていると、自分と同じようにこうしている人がたくさんいるのだとわかります。そう感じることは、ぼくにとって『抗うつ作用』があるのです」

――ナヴィド・モディリ

いずれナヴィドは、スピリチュアルの力を借りて、自分に合ったアプローチを見つけ出すでしょう。ですが、もし彼がまだ子どもだったとしたら、壮大な疑問の答えをどうやって探したらいいのでしょうか？

ナヴィドは、本に答えを求めました。父親に隠れて、ヒンドゥー教の聖典『バガヴァッド・ギーター』を読み、C・S・ルイスの『ナルニア国物語』やルイス・キャロルの『不思議の国のアリス』やダグラス・アダムズの『銀河ヒッチハイク・ガイド』を読み、さらにはトーマス・トランストロンメルやヤルマール・セーデルベリィの作品を読みました。十代で初めてカフカの『変身』を読んだときは、「ああ、自分のような人がいる」と思ったといいます。

読書を通じて、彼は多くの師に出会いました。物語の力によって感性が広がるのがわかったのです。

まず感じたのは、宇宙は広大で、私たちが理解できていない謎を含んでいるということです。しかし、彼は仲間になじめない鳥のように、まわりから浮いた存在でした。まわりの人は彼を「変わった子」だと思っていました。

まもなく彼は、本当の自分を閉じ込めて、ほかの人と同じようにふるまうようになりました。周囲に見放されないよう外面ばかりとりつくろい、内面にまで意識が向かなかったのです。

しかし25歳のとき、彼は恋に落ちます。相手はヨガのインストラクターで、まぶしく輝いていました。彼女に振り向いてもらいたい一心で、ナヴィドは瞑想リトリート［都会を離れ、自然に囲まれた場所で瞑想を行うこと］に申し込みました。

リトリートは、ヴィパッサナー瞑想［ものごとをありのままに観察して洞察を得る、仏教の瞑想法のひとつ］を行いながら、まる一週間を静寂のなかで過ごすという、初心者にとっては厳しいものでした。

彼はとりとめもなく浮かんでくる思考の裏に、静寂を見つけようとしました。そのスピリチュアルな空間で、彼は自分の理解を超えた不思議な感覚を何度も体験しました。意識が体から離れ、何か大きなもののなかに浮かび、少しずつその一部になっていくような感じです。それはすばらしいと同時に恐ろしい感覚でした。

彼はあまりの恐怖にそのまま倒れ、パニック発作に襲われました。ようやく起き上がったナヴィドは、荷物をかばんに詰め込むと、スタッフに暴言を吐いてその場を飛び出しました。「もう二度とごめんだ！」

しかし、それは頬を叩かれて目が覚めるような感覚でもありました。扉は開かれました。どこまでも広がる星空が、恐怖と感動の両方を呼び起こしました。

ナヴィドは、そのときの感覚についてこう語っています。自分の小ささと無意味さを実感する一方で、自分はひとりではないという大きな安心感があった、と。

「ぼくは、あのときの体験を、幸せやメンタルヘルスと結びつけて考えています。自分はひとりなんだという実感。すべては自分しだいだというプレッシャー。そして、そのプレッシャーからとつぜん解放される感覚。星を見上げていると、自分と同じようにこうしている人がたくさんいるのだとわかります。そう感じることは、ぼくにとって『抗うつ作用』があるのです」

瞑想リトリートのあと、ナヴィドはスピリチュアルなものとのつながりを探しはじめました。焦らず、自分のペースで。

「どこまで探しに行ったんですか?」と私たちが尋ねると、彼は笑って答えました。「どこへでも行きました」。そう、彼はまさにどこへでも行っていました。宗教にこだわるのをやめたのです。

宗教の縛りから解放されたことで、ナヴィドの関心は幅広い活動に向けられました。インドに行って「抱きしめる聖者」アンマに会い、同じくインドの都市プネーのオーショセンター［インドの神秘家オーショの教えを実践する瞑想センター］を訪れたこともあれば、ライフコーチのトニー・ロビンズ［アメリカ出身の自己啓発書作家、ライフコーチ、起業家］の指導のもと、炎がくすぶる炭の上を走ったことも、ニューエイジ［20世紀後半に現れた自己意識運動］のフェスティバルやセレモニーに参加したこともあります。

バーニングマン（ネバダ州の砂漠に数万人が集まってすばらしい芸術作品をつくり、最後にはすべてを跡形もなく燃やすアートプロジェクト）にも足を運んだといいます。彼がまわった場所は、高尚な経験を求め、人間の本質を理解しようとする人々を引きつけてやみません。

探求しつづけること――それこそがナヴィドのライフワークです。

25歳で初めてリトリートに参加した日から変わったことはありましたかと尋ねると、彼はこう答えました。35歳になったいまでは、探求の旅は外に向かうものばかりではなくなりました、と。

探し求めている答えは、必ずしも「外」にあるとは限りません。ナヴィドは、自分のなかに答えを見つけ出し、それを自分の外にあるものに反映させることに喜びを感じています。

彼のなかには、聖なるもの、神秘的なものに対する畏敬の念が強く残っていて、彼の1日は朝の祈りで始まります。それは、祖母の祈りを彼独自にアレンジしたもので、ヴィム（アイスマン）・ホフ［寒冷な環境に徐々に順応することで寒さへの耐性を高める「ヴィム・ホフ・メソッド」を開発した人物］にならって、氷のように冷たいシャワーを浴びながら大声で唱えるのが特徴です。

「ぼくは何ももっていないし、何も要求しないし、何も必要としない。ぼくはすでにあらゆるものを手にしている。あらゆるものに包まれ、満ち足りている」

——番組プロデューサー、対話活動家　ナヴィド・モディリ

Aweの源

共同体

大勢が集まると〝伝染するエネルギー〟が生まれる

「U2が2006年にアルゼンチンでコンサートを開いたのは、リーベル・プレート・スタジアムという巨大なアリーナでした。私はスタンド席にいたのですが、みんなが曲に合わせて歌いはじめて……そう、みんなで一緒に歌うやつです。ああ、あの体験はすばらしかったです。一体感があって、涙がこぼれました」

「あれはサッカーのスウェーデンカップで、ユールゴーデンがマルメと対戦したときでした。観客席は満員で、3万5000人はいたと思います。そのとき、両方のチームのサポーターが歌い出したんです。しかも、3対0でユールゴーデンが勝ちました！　みんな次々にサッカーコートに飛び出しました。何という偉業！　まるで魔法です。あの感覚は……最高でした」

1963年8月28日、ワシントンDCで、マーティン・ルーサー・キングは24万人を前に「私には夢がある（I have a dream）」の演説を行いました。この演説はレトリックの傑作とされ、米国の公民権運動を決定づける歴史的なものとなりました。

演説のなかで彼は「白人も黒人も平等に生きる」というビジョンを語りました。「私には夢がある。私の幼い4人の子どもたちが、いつの日か、肌の色でなく、内面で判断される国に暮らせるようになるという夢が……」

演説の内容を読むだけで、ほとばしるエネルギーと、可能性を信じようという人々の共通の思いが伝わってきます。その場所に居合わせていた人は、どれほどの感動を味わったのでしょう？

あるいは、こんな場面を想像してみてください。大好きなコーラスの活動で歌い終えたとき。同じ考えをもつ10万人の仲間たちと、一緒に気候変動デモに参加したとき。応援しているスポーツチームの勝利を、ほかのサポーターと祝っているとき。

こうした状況で生まれる〝伝染するエネルギー〟は、社会学の創始者のひとりであるエミール・デュルケームによって、「集団的発泡（Collective effervescence）」と名付けられました。これは、グループ内の人々が、ある種の泡立つような、集団的な幸福感を感じるようすを表します。

ダッカー・ケルトナーは、こうした感覚を生み出すのは、巨大なスポーツアリーナやコンサート会場でつくられる「波」だと述べています。大勢の人が集まる空間では、数十人の感情の高まりが、数千人、数万人の観客に波紋のように広がっていくのです。

集団的な幸福感「集団的発泡」をもたらすもの

ところで、鳥の群れがひとかたまりになって空を飛んでいるのを目にしたことはあるでしょうか？

鳥たちは、完全にシンクロしているかのように、みな同じように動きます。どうしてそんなことができるのかははっきりとはわかっていませんが、その光景を見ていると魔法のような美しさを感じます。

デュルケームは、「調和のとれた集団のあいだには興奮が広がりやすい」と述べています。個人の枠から解き放たれた人は、驚くほどのエネルギーに触れることができるのです。

また彼は、イスラム教徒がメッカに向かってひれ伏したり、仏教の僧侶がお経を唱えたり、キリスト教徒が手を合わせたりすることを例に挙げ、「集団的発泡」は宗教を宗教たらしめるひとつの要因だと主張します。

共同体の統御された動きは、Ａｗｅをもたらします。最近は、宗教的な儀式や政治的なデモのようなできごとだけでなく、日常の体験のなかでこうしたＡｗｅを体験するための研究が進んでいます。

自然災害時に私たちが「一体感」を感じる理由

また、複数の研究者が、「自然災害時」にも、人は一体感や高揚感を感じると述べています。

吹雪によって何もかもが機能しなくなったとしたら、近所の人や見知らぬ人同士で助け合うでしょう。非常事態になると、人は他者と自分を隔てる「壁」から解放されます。

2017年4月にストックホルムで起こったテロ事件では、乗っ取られたトラックがたくさんの人でにぎわう歩行者専用道路に猛スピードで突っ込みました。何人もの人が亡くなり、多くの人が心に傷を負い、その場にいた全員が途方もない悲しみに打ちひしがれました。

しかしその後、ふだんとは違う親密さが生まれました。誰もがみんなを助け、お互いを気づかいました。しばらくのあいだ、ストックホルムの人々はひとつになったのです。

この本を執筆しているいま、世界は新型コロナウイルスという、未曽有《みぞう》のパンデミックに襲われています。多くの犠牲者が出て、経済への影響も深刻です。しかし一方で、通常にはない共通の善意によって私たちが支え合っているのが見てとれます。

スウェーデンの協同組合であるHSBが、市場調査会社のSifoに委託して実施した調査によると、これまでに100万人のスウェーデン人が、隣人や感染リスクの高いグループの人を助けたという結果が出たといいます。

いまも、世界じゅうの人々がひとつになって医療従事者に感謝の気持ちを表しています。

私たちは、毎晩8時になると、開け放した窓のそばやバルコニーに立ち、勇気ある人々に拍手と声援と歌声を送っています。

Aweを感じる「集団」を探しに行こう

集団でAweを求めることは、古くからある現象です。何千年ものあいだ、人々が何百キロ、ときには何千キロの道を歩いた巡礼や儀式を考えてみてください。こうした行事に参加した人の多くは、スピリチュアルな体験だけでなく、大勢の人の集まりに加わることも求めていました。

ダッカー・ケルトナーの研究は、人間が「群れ」をつくる動物だということを実感させてくれます。

進化生物学上、私たちの体のなかには、集団として生き残るための〝コード〟が存在します。非社会的な哺乳類は、凍死しないために穴を掘るという戦略を生み出しました。社会的な動物は、そうした戦略の代わりに、群れをつくって身を寄せ合うことを選んだのです。

私たちが他者との一体感によってAweを感じるのも、そうした生き残るためのコードのひとつなのかもしれません。

では、Aweを感じられるような集団を、どこで見つけたらいいのでしょう？　政治集会？　ダンスパーティー？　バスケットボールの試合会場？　コンサートホール？　あるいは、マラソン大会や地域のお祭り？

答えは、あなた自身が知っているはずです。自分を見つめ直して、探しに行けばいいのです。すばらしい体験が待っているのは間違いないのですから。

［ワンダージャンキー（Aweを原動力に生きる人々）のエピソード 6 ］

ブレイク・マイコスキー

すべてを見通す世界の変革者

貧しい子どもたちに、8600万足の靴を贈ったひとりの男性がいます。一個人がこれほど大規模な慈善活動を行ったケースはめったにないでしょう。

ブレイク・マイコスキーは、2006年にTOMSという靴の会社を立ち上げました。マイコスキーは、アルゼンチンを旅行した際、靴を履いていない貧しい子どもたちが足に切り傷をつくっているのを目にしました。それがきっかけとなり、彼は革新的なビジネスモデルを生み出しました。

「One for One（ワン・フォー・ワン）」。誰かが靴を一足購入するごとに、貧しい子どもに靴が一足贈られるしくみです。

このアイデアは、年々発展していきました。サングラスひとつで60万人が目の治療を受けられるようになり、コーヒーパックひとつで60週分のきれいな水が提供され、そしてバッグひとつで貧しい国の妊婦8万5000人が出産のときにケアを受けられるようになったのです。

43歳のアメリカ人であるマイコスキーは、自然愛好家で、登山家で、スキーヤーで、サーファーで、ゴルファーで、テニスプレーヤーで、そして根っからの起業家です。

彼は、朝食を食べるだけでAweを感じると言いました。「あなたはワンダージャンキーですね」と私たちが言うと、すぐさまそれを認めました。

「山と海は、ぼくのAweの源です。自然は心を穏やかにしてくれます。その美しさには、本当に感謝しています。自然の美しさやAweを通して、神様が私たちに語りかけているのではないでしょうか」

しかし、彼にAweをもたらすもののリストのトップにあるのは、間違いなくTOMSが行う支援です。

「ぼくと同じようなAweを経験できる人は、そう多くはいないと思います。ぼくはよく、貧しい国にさまざまな人を連れて行きます。たいていは一度に20人くらいですね。有名人もいれば一般人もいます。ほとんどの人は一度も自分の国を出たことがなく、本当の貧困というものを知りません。そういう人たちと一緒にこの活動を行い、他者のために何かをする喜びを分かち合うことは、ぼくにとってかけがえのないAwe体験です」

マイコスキーは、世界じゅうの人々が少しずつ自分の活動に協力してくれることに、大きなAweを感じています。彼は、2000年代の終わりにTOMSのすばらしい活動を広げようとした学生グループについて話してくれました。

学生たちはまず、「まる1日、裸足《はだし》で歩くこと」から始めたといいます。なぜそんなことをするのかと尋ねられるたびに、彼らはTOMSの話をしました。

この試みは世界じゅうに広がり、数年後には、何百万もの人々が同じ日に裸足で過ごしました。女優のデミ・ムーアも、『ザ・トゥナイト・ショー・ウィズ・ジェイ・レノ』に裸足で出演しています。

マイコスキーは、なぜ自分がこのような巨大な流れをつくり出せたのか理解できないと言います。たまたまアルゼンチンの農場にいて、日々のできごとを日記に書いていたら、この考えを思いついただけだ、と彼は言いました。「みんな、ぼくに賞賛の言葉をかけてくれますが、ぼくは特別なことなどしていません」

彼はこうも言っています。

「自分にはないと思っていたスキルが身に付きました。人前で話したり、人々をまとめたり……。ぼくがデザインしたわけではない靴を、農家の人たちが何年も履いてくれています。でもぼくは、高校も出ていなければ、靴にかかわる仕事をしたこともありません。ぼくの活動は『ビジネスの世界を変えた』と言われていますが、自分の力だけではここまでやれませんでした。いまでは、似たような取り組みが何千もの企業で始められています。もちろん、まったく同じではありませんが、少なくとも非常に多くの企業が慈善事業に力を入れはじめたのは確かです。この流れを生み出したのはぼくのビジネスではありません。もっと大きなもの……おそらくＡｗｅの力です」


２０１３年、ブレイク・マイコスキーは自社の半分を売却しました。ビジネスから身を引くためではなく、金銭的な支援が必要だったからです。

会社は彼の想像をはるかに超えて大きくなっていました。３億ドルを受け取った彼は、半分を従業員に配り、一部をほかの起業家の支援にあてました。「Ａｗｅは人を寛容にしますが、思考を停止させたりはしません」

私たちがブレイク・マイコスキーに会ったのと同じ週、TOMSの残り半分の売却が決まりました。マイコスキーのこれまでの肩書は「Chief Shoe Giver（最高靴寄贈者）」でした。しかし、新しい世界に降り立った彼は、これからは「Inner Adventure Guide（内なる冒険ガイド）」と名乗ることにしました。

数年前、マイコスキーは軽度のうつ病になりました。そのとき感じたのは、「自分はもっと内面に目を向ける必要がある」ということでした。山登り、サーフィン、人里離れた場所でのキャンプ、起業といった「外側」の経験はじゅうぶんすぎるほどしてきましたが、まだやり残していることがあったのです。

彼は、今後の人生を「内なる冒険」にあてるつもりだと言います。「いまでは、山登りよりもスピリチュアリティのほうが大きなＡｗｅの源です」と彼は言いました。

――ＴＯＭＳ創設者、起業家、内なる冒険ガイド
ブレイク・マイコスキー

第4章

日々のAwe

好奇心を鍛えるための日常のエクササイズ

歳を重ねるごとにＡｗｅを感じやすくなる

ナイアガラの滝までわざわざ足を運ばなくても、あなたのすぐそばにはたくさんのＡｗｅがあります。太陽は毎日沈みますし、曇っている日でも風は木々を揺らします。芸術に触れ合える場所もきっと近くにあるでしょう。

私たちは、平均して週に2、3回はＡｗｅを感じています。何にＡｗｅを感じるかは人それぞれです。ほとんどＡｗｅを感じない人もなかにはいますが、歳を重ねるごとにＡｗｅを感じやすくなるのは間違いありません。

そして、Ａｗｅを感じるために大事なのは、「Ａｗｅを受け入れる準備」をすることです。ここまで読んでくれたあなたなら、すでにある程度の準備が整っているはずです。

「好奇心」はＡｗｅと密接に結びついています。新しいものに興味が湧いてインターネットで検索したくなったり、散歩中にいつもと違う道を通ってみたくなったりしたら、すばらしいチャンスだと思いましょう。好奇心に身を任せれば、Ａｗｅを感じる可能性が高まるからです。

好奇心には、個人の性格が深くかかわっています。ある実験によって、「ポジティブな7つの感情」――うれしさ、共感、喜び、愛情、満足感、誇らしさ、好奇心――のうち、Ａｗｅともっともつながりが深いのは「好奇心」であるということがわかりました。

別の実験では、Ａｗｅ体験をした被験者の多くが、自他ともに認める「好奇心旺盛なタイプ」でした。


好奇心とＡｗｅは、互いに作用します。好奇心はＡｗｅを呼び、Ａｗｅはますます好奇心を高めます。

Ａｗｅを経験すると、自分にはまだまだ学ぶことがたくさんあると気づかされます。すでに述べたとおり、人は自分の知識不足を実感すると、その隙間を埋めようとして科学的な説明を求めるようになります。つまり、好奇心が刺激されるのです。

好奇心は、特定の人だけに与えられた才能ではありません。誰もに生まれつき備わっているものです。好奇心は人を成長させ、知識を与えてくれます。

しかし、残念なことに、大人になると好奇心を失ってしまう人もいます。そういう人は、自分の知識だけで目の前のできごとに説明をつけて納得しようとするのです。

何歳になっても「好奇心」は鍛えられる

好奇心は、Ａｗｅと同じように「鍛えることができる」といういいニュースもあります。

１９９８年、スウェーデン人の神経学者ピーター・エリクソンは、「成人の脳でも新しい神経細胞をつくり出せる」ことを実証しました。

エリクソンは、脳に可鍛性と可塑性があるという過去の研究結果を発展させ、「新しいことを学ぶたびに、脳には新たな神経回路がつくられる」と明らかにしたのです。理論上は、「どうして？」を繰り返していた好奇心旺盛なころの自分に戻れるということです。

子どもと手をつなぎ、子どもの目線で世界を見てみましょう。私たち大人が当たり前だと思っていることにＡｗｅを感じてみましょう。

また、「新しい方法で、ものごとを試してみる」ことも大事です。

筋力トレーニングをしている人は、毎日まったく同じ練習メニューをしていては、筋肉は鍛えられないとわかっています。自分の知見を超えたものを積極的に探すことで、行動や見方は変えられます。

ですから、自分には知らないことがたくさんある、ということをつねに心に留めておきましょう。そうすれば、探究、学習、自己啓発の機会がめぐってくるはずです。

「初心者の心」をもってできごとに向き合う

好奇心を保つもうひとつの方法は、「マインドフルネス」です。先入観をもたず、評価も下さず、目の前のできごとに意識を集中させ、すべてをオープンに受け入れるのです。

心理学者のトッド・カシュダンによれば、もっとも重要なのは「集中すること」で、次に重要なのは「注意の質」といいます。このふたつに気をつけると、いま起きていることに対する探究心と好奇心が生まれます。好奇心旺盛であれば、現実をありのままにとらえ、受け入れられるようになります。

マインドフルネスの分野で、「ビギナーズ・マインド」という言葉があります。これは、まわりで起こっていることに「初心者の心」をもって向き合うことです。

私たちは、知らず知らずのうちにいくつもの「先入観」を身につけていて、そのせいでものごとを歪んだ形でとらえてしまうことがあります。

マインドフルネスを生み出した仏教には、こんな言葉があります。「あなたはさまざまな考えをもっている。そして、それらに苦しめられている。なぜ考えを捨てないのですか?」

僧侶として森で修業した経験があり、現在はマインドフルネスの講師であるビジョン・ナットヒーコ・リンデブラードは、よく冗談半分にこう語っています。「『自分は間違っているかもしれない』と心のなかで繰り返すのはよいことです」

思い込みや古い知識から自分を解放することが、新しい学びにつながるのは間違いありません。

あなたも、思い込みから自分を解放してみましょう。私たちは往々にして、家族や友人のことをよく知っていると思い込んでしまいます。しかし、私たちが見ているのは、彼らの「ほんの一面」にすぎません。ある意味、人は他者のことをまったくわかっていないのです。

ビギナーズ・マインドを意識すると、目の前にいる人のいろいろな面が見えてきます。先入観をもたず、相手の話に熱心に耳を傾け、相手をしっかりと見つめられるようになります。

人生をすばらしくする「Aweエクササイズ」

私たち著者は、取材した研究者たちに、毎回ある質問をしました。「Aweを感じる力は鍛えられるのでしょうか」と。

研究者のほとんどは「鍛えられる」と答えました。私たちも同じ意見です。

いまこの本を手にして読んでいるあなたも、その方法に興味があるはずです。あなたはいま、Aweとは何か、Aweがどこにあるのかを、以前よりもずっと意識するようになっています。

ここからは、あなたの人生をよりすばらしくする「具体的な方法」を挙げていきましょう(なお、あとに挙げた「星空を見に行こう」以外のエクササイズはすべて、愛に満ちた社会の形成のために活動する団体「グレイター・グッド・サイエンス・センター」が提唱しているものです）。

「歩くこと」は人生に多くの喜びをもたらす

人生に多くのＡｗｅをもたらす方法のひとつは、「足を動かすこと」です。といっても、速く走る必要はありません。ゆっくり歩くことでかまいません。

「ウォーキング」には、Ａｗｅを増やす以外にもすばらしい効果があります。歴史を振り返ると、預言者も、巡礼者も、哲学者も、みんなよく歩いていました。

歩くことは、ただの移動ではありません。歩くことは、自分の心に触れる試みであり、自分をよく知るために欠かせないものです。さらに、「シングルタスク」だという利点もあります。つまり、脳を休ませてやることができるのです。

19世紀の哲学者ヘンリー・デイヴィッド・ソローは、森や田舎をゆっくり歩くことで、「自分に追いつける」と述べました。だが、心が街から離れられないまま歩いているようでは意味がない、とも言っています。「心ここにあらずの状態で森を1マイル歩いて、いったい何になる？」

『ウォークス　歩くことの精神史』（邦訳：左右社）を書いた作家のレベッカ・ソルニットは、ウォーキングとは「予測不可能なものを探求すること」だと言いました。ウォーキングは、能動的であると同時に受動的でもあるという「中立状態」をもたらします。この状態になると、さまざまなメリットがあるのです。

ゴールを意識せずに歩くことで、いつもなら気にしないことにまで目を向けられるでしょう。認知科学者のアレクサンドラ・ホロウィッツは、ニューヨークで11人のさまざまな「専門家」と一緒に街を散歩することにしました。

ここでいう専門家とは、芸術家、地理学者、音響デザイナー、犬、そして子どもです。ホロウィッツは、彼らの目を通して、街のまったく新しい姿を目にすることになりました。

第3章でも紹介した「Ａｗｅウォーク」は、アメリカの医療現場ではすでに行われています。Ａｗｅウォークは、Ａｗｅの効果を得るのに最適な方法のひとつです。

Ａｗｅウォークの方法やおすすめの場所についてはあとで触れますが、まず、「ムーンウォーキング」に触れておきましょう。マイケル・ジャクソンのあのパフォーマンスではなく、「夜にする散歩」のことです。

夜の散歩には、ストレスを軽減する効果があります。実際、イギリスでは「ナイトウォーキング」というイベントに関心が高まっています。

夜に森の小道を歩くと、集中力が頂点に達します。感覚が研ぎ澄まされ、いまこの瞬間がすべてになります。足を一歩一歩踏み出して進むことだけに意識が向きます。すると、扁桃体の活動が抑えられ、「幸せホルモン」ことオキシトシンの分泌量が増えて、ストレス反応が減るのです。

ナイトウォーキングによって、好奇心とマインドフルネスを人生に取り入れられます。それはつまり、日々のなかにあるＡｗｅを受け入れる準備が整うということです。

街のなかをゆっくり散歩するのでもいいし、山でハイキングをしてもいいでしょう。もちろん、聖地巡礼に向かうのもいいでしょう。

とにかく、あなたも外に出て歩いてみましょう。ゴールにも時間にも縛られずに。

1 Aweウォークに出かけよう

所要時間
15分以上

まず、スマホの電源を切りましょう。スマホなどの電子機器があると、気が散ってしまい、周囲のものに注意が向かなくなります。いちばんいいのは、スマホを持っていかないこと。うっかり取り出して見ないように、家に置いていくのがベストです。

ウォーキング中は、目に映るすべてのものを「初めて見るもの」だと思うこと。

それでは、以下のステップで始めてみましょう。

実践の仕方

❶ 深呼吸をします。「6秒」かけて息を吸い、「6秒」かけて吐きます。空気が鼻のなかを通っていくのを意識しながら、自分が呼吸をする音に耳を傾けます。歩いているあ

いだ、この呼吸法を何回か繰り返すと、いまこの瞬間に意識を戻すことができるでしょう。

❷ 歩きはじめるときは、まず「両足が地面を踏みしめている感覚」を意識します。まわりのものに目を向け、耳を傾けます。

❸ 自分のまわりにある大きなものを意識します。

❹ さらに深呼吸。「6秒」かけて吸い、「6秒」かけて吐きます。

❺ 気づいたことを掘り下げて考えてみましょう。あなたにAweを与えてくれるものはなんでしょう？　風景でしょうか？　光と影が織りなす模様でしょうか？　大きなものと小さなもののあいだで視線を動かしてみましょう。

❻ ときどき深呼吸をしながら、ウォーキングを続けます。頭に浮かぶいろいろなイメージ、音、においなど、ふだんなら気にも留めないものに注意を向けます。

このように歩く習慣を身に付けると、自分のまわりにどれだけAweの源があるかがわかるでしょう。Awe体験の機会は、無限にあるのです。

Aweウォークのできる場所

自然のなか

- 360度の絶景を望める山の頂上
- 高い木々に囲まれた小道
- 海、湖、川、滝のそば
- 満天の星が見られる夜
- 日の出や日の入りが見える場所

街のなか

- 高い建物や超高層ビルの屋上（高い建物が林立する場所で、上を見上げてみるのもいいでしょう）
- 歴史的なモニュメント
- 初めて行く場所

- 巨大なアリーナやスタジアム
- アートウォークやギャラリーめぐり
- まだ見たことのない植物や動物を見ることのできる植物園や動物園
- ゴールを決めずに歩いて、どこにたどり着くか、何が起こるかを試してみる

屋内

- プラネタリウム、水族館、美術館
- 歴史的建造物、大聖堂、オペラハウス

2

美しいものを写真に撮ろう

所要時間
2週間に1回
5〜15分

このエクササイズのために、わざわざどこかに出かける必要はありません。身のまわりにあるものに意識を向けるだけでよいのです。

あなたのすぐそばにある自然を見てみましょう。窓から見えるもの、通りの先にある公園、自宅の庭、あるいは家のなかに飾ってある花でもいいでしょう。

実践の仕方

❶ 身のまわりにある自然を観察し、それらが自分にどんな感情を抱かせるかをつねに意識します。毎日、自然に浸ることのできる自分だけの時間をつくります。

❷ 心を揺さぶるもの、強い感情を引き起こすもの、元気になるものに出会ったら、写真

を撮ります。できれば、撮った写真をインターネット上にアップして、感じたことを書いてみましょう。ちょっとしたひと言でも、長い文章でも、思うままに書いてかまいません。

❸ 写真は何枚撮ってもかまいませんが、2週間で最低10枚は撮るようにします。自然が自分にどんな影響を与えるかをつねに意識しましょう。

❹ 重要なのは、被写体そのものではなく、「あなたが何を感じるか」です。写真の出来やオリジナリティを気にする必要はありません。ここではまったく関係のないことです。

3 星空を見に行こう

所要時間
好きなときに好きなだけ

星のまたたく夜空を見上げる――これよりすばらしいことがあるでしょうか？

星空を眺めると、人間がいかに小さな存在かを実感させられます。誰でも一度は、浜辺や芝生に寝そべって、はるか遠くの星々に思いを馳せたことがあるはずです。星を見ることは、すなわちＡｗｅを感じることです。

輝く星は、否応なしに私たちの心を動かします。オーストラリアのちょうど真ん中に、「ウルル」と呼ばれる場所があります。そこは、星を見るのに最適な場所のひとつです。空気中の湿度が低く、光害もなく、曇りの日がほとんどないので、最高の星空が望めるのです。訪れた大勢の人々は、奇跡のような光景に胸を打たれます。

星空観察のツアーは、世界じゅうで驚くほど多く企画されています。「stargazing（星空を見る）」でグーグル検索してみてください。さまざまなイベントがあることがわかります。夜に外出するきっかけになるでしょう。

ある研究チームは、星空が私たちに与える影響に興味をもちました。自然体験と健康増進に関連があるのを知った彼らは、ある実験を行いました。被験者に星空の映像を見せ、どんな効果があるかを調べたのです。

結果的に、被験者はストレスが軽減し、気分がよくなり、大きなＡｗｅを感じることとなりました。この実験から、「星空を見ること」は、社会心理学的にポジティブな効果を生むことが確認されました。

あなたも、ときどき輝く星を眺めてみましょう。きっといい結果がもたらされるはずです。

実践の仕方

❶ まず、靴と靴下を脱ぎます。裸足で大地を感じるようにします。

❷ 空を見上げます。

❸星を見ます。できるだけ多くの星を視界に入れます。
❹無限の空間に思いを馳せます。
❺呼吸に集中します。感覚を研ぎ澄ませ、夜の空気を肌で感じましょう。静寂のなかに身を置きます。
❻星のまたたきを見つめます。一瞬のまたたきが、何百万年もの歳月をかけて自分のもとに届いているのだと考えます。
❼ゆっくり呼吸をします。

4 Aweを与えてくれるものを読もう

所要時間
1週間に1回
10分以上

気になる読み物を、最低でも「10分」読んでみましょう。定期的に心にAweという薬を与えるために、「週に1回」は読むようにします。

実践の仕方

Aweを感じるものを選びましょう。科学的なもの、自然に関するもの、英雄の物語、歴史書、小説あるいは詩、なんだってかまいません。

私たちを魅了する作品には、大きく分けて以下のふたつの要素が含まれます。

ひとつ目は、「自分が小さな存在に感じられるような壮大さ」です。体に訴えてくるもの（高い山の頂上から見える景色の描写）と心に訴えてくるもの（英雄の物語や勇敢さを扱った作品）があります。

ふたつ目は、「世界に対する見方を変えるような何か」です。たとえば、日々の心配事が大したことではないと感じられるようになったり、人間の可能性についての考え方が広がったりするもの。

私のおすすめは、スティーヴン・ホーキングの『ホーキング、宇宙を語る　ビッグバンからブラックホールまで』（邦訳：早川書房）とユヴァル・ノア・ハラリの『サピエンス全史　文明の構造と人類の幸福』（邦訳：河出書房新社）です。

また、「グレイター・グッド・サイエンス・センター」のホームページには、第2章で紹介した実験で用いられた「エッフェル塔の話」が掲載されています。

もちろん、何を読むかはあなたが自由に決めてよいのです。大事なのは、読書があなたの感性を広げ、Ａｗｅを感じるチャンスを増やすということです。

5 Aweを感じさせるものを見よう、聴こう

所要時間
数分間（短い動画）から数時間（長編映画）まで

未知のものに遭遇すると、私たちの脳は刺激を受け、Ａｗｅが呼び起こされます。たとえば、科学や哲学や心理学について学ぶのも一種のＡｗｅ体験です。

あなたも、「未知の世界」に飛び込んでみましょう。新しいことを学びましょう。感性を広げてくれるようなものを、意識して探してみましょう。

「ＴＥＤトーク」は〝価値あるアイデアを広める〟をモットーに、毎年カナダで開催される世界的講演会です。著名人や話題性のある講演者のプレゼンテーションを撮影し、オンラインで配信するのが特徴です。これはまさに、知識を広げるための宝庫だと言えます。

ＴＥＤのほかにも、ナショナル・ジオグラフィックチャンネルで『脳トリック』を見るのもいいし、ユーチューブの動画を見てもよいでしょう。『Shots of Awe』や、カール・

セーガンの代表作『Pale Blue Dot』、チャールズ&レイ・イームズの『Powers of Ten』などのすばらしい動画を見つけることもできます。

あるいは、インターネットで記事を読むのも効果的です。私たちがちょうど見つけた『Sidetracked Magazine』は、読者を世界への冒険の旅へ連れていってくれます。マリア・ポポヴァが文学を通して人生の意味を読み解くニュースレター「Brainpickings」を購読するのもいいでしょう。

おすすめは、「1日に2回」アラームをセットして、Aweを与えてくれるコンテンツに触れることです。職場の休憩時間や帰りのバスのなかで、エネルギーを蓄えられるでしょう。あなたのスマホには、Aweが詰まっているのです。

実践の仕方

Aweを感じる条件のそろった映像を選び、ゆっくり見られる時間と場所を確保します。それができたら、映像に集中しましょう。

Aweを呼び起こす力をもった映像には、「自然」がよく出てきます。おすすめは、ユーチューブのクジラの動画です。

あるいは、ヤン・アルテュス＝ベルトランの『ＨＯＭＥ　空から見た地球』や、ルイ・シュワルツバーグの『Mysteries of the unseen world（見えざる世界のミステリー）』もすばらしいものです。あるいは、ミヒャエル・エンデの小説が原作の『ネバーエンディング・ストーリー』も最高です！

・耳をすまして

感性を広げてくれる音楽を聴きましょう。好きな曲を流し、心に深くＡｗｅを感じましょう。クラシックでもオペラでもなんでもかまいません。何を聴けばいいかを知っているのは、あなた自身なのですから。

もし、何かヒントがほしいという人には、Ａｗｅの実験で使われてきた音楽をおすすめします。たとえば、アイスランドのバンド、シガー・ロスの「Hoppípolla」、キャノンボール・アダレイの「ワーク・ソング」、ジョン・コルトレーンの「ブルー・トレイン」、サミュエル・バーバーの「弦楽のためのアダージョ」などです。

もうひとつ、不思議に思うかもしれませんが、「氷の歌声を聴く」のも効果的です。大きな圧力がかかると、氷のかたまりは岸に押し上げられたり、湖の上で割れたりします。氷が圧力に耐えきれずに割れるとき、歌声のような、あるいは悲鳴のような音が聞こえます。

ブロガーで映像作家、ストーリーテラーのヨンナ・イントンは、ヨーテボリを離れてスウェーデン北部のグルントヤーレン村に移り住みました。11月の夜、彼女は三晩にわたって湖のそばで氷の歌声を録音し、それをつないで1時間に及ぶミュージックビデオ「ソング・オブ・アイス」に編集しました。

ヨンナは「氷の歌声」が大好きです。氷の歌声を聴くと、信じられないほど穏やかな気分になるのです。

あるとき彼女は、そう感じるのは自分だけではないと気がつきます。いまでは、彼女のユーチューブのチャンネル登録者160万人が、氷の歌声を聴くのを心待ちにしています。あなたも試しに聴いてみたらいかがでしょう？

・楽しもう

サーカス、ダンス、コンサート、演劇、美術館……私たちのまわりには、すばらしいイベントや施設があふれています。こうした場所に出かけることで、多くの人と体験を共有することができます。

ともに笑い、ともに涙を流す。その体験は、あなたのなかのさまざまな感覚を呼び覚ますでしょう。

そして、多くの場合、その影響は長く続きます。一生続く可能性だってあるのです。視野を広げ、日常から一歩踏み出し、大きなものに出会うチャンスを手に入れられるかもしれません。

6

Ａｗｅを書き留めよう

所要時間
15分程度

実践の仕方

これまでにＡｗｅを感じた瞬間を思い浮かべてください。何か強烈なものに出会い、心を動かされたときのことを。

いつ、どこでＡｗｅを感じるかは人それぞれです。多くの人は、美しい景色を見たときや、無償の愛を感じたとき、人の気高い心に触れたときなどＡｗｅを感じたと言います。すばらしい絵画や音楽がきっかけになる人もいます。

自分のＡｗｅの瞬間が頭に浮かんだら、それを書き留めましょう。できるだけ詳しく、当時の感情を思い出しながら書いてみましょう。

第5章

未来はAweにあふれている

テクノロジーがさらなる幸せをもたらす

VR技術が、Aweの可能性を広げていく

50年後、私たちが月に出かけ、カプチーノを手に「地球の出」を眺めながらAweを感じているところを想像してみてください。

そんな未来なら、私たちはAweと「オーバービュー効果」を心ゆくまで利用できるでしょう。それによって、他人や自然をもっと思いやれるでしょうし、依存症を克服したり、病気を治したり、ストレスを減らしたりできるかもしれません。

研究者たちは、こうした可能性に注目し、Aweの新たな活用法を模索しています。今後、次世代型VRの開発、幻覚剤の推奨、職場へのAweの導入といった、さまざまな方面での発展が見込まれています。

映画やテレビ番組は、人々のポジティブな感情を呼び起こします。なかでも、BBCの『プラネットアース』は、もっともAweを呼び覚ましてくれる番組のひとつです。

そしていま、VR技術の進歩によって、Aweの可能性はいっそう広がっています。V

Rによって、私たちは映像を見て、聞いて、体験できるようになったのです。フィクションの世界が、まるで現実のように感じられるのです。現実感が高まれば高まるほど、Aweの効果は大きくなります。VRは、芸術、メディア、教育、エンターテインメントを、いまとはまったく違うものに変えるでしょう。

VRを用いた実験についてはこの本でもすでに触れましたが、VRの技術そのものとAweとのつながりに関する研究は存在しませんでした。

そこで、イタリアの研究者グループは、VRの技術とAweにつながりがあるかを調べることにしました。彼らは、Aweを引き起こすVR動画を3つ作成し、被験者に見せました。実験の結果、被験者は、単なる映像を見たときとは比べものにならないほどのAweを感じることになりました。VRの技術は、Aweの効果を高めるのです。

VRで森を散策するだけでも効果が上がった

「VR」や「AR（augmented reality／拡張現実）」を扱うあるスウェーデンの企業では、脳科学者のカタリーナ・ゴスピックが神経科学ディレクターを務めています。

この企業では、「VRゴーグル」を使った体験を提供しています。その小さな四角い箱を目に当てると、あなたがいる場所は、森のなかやコンサート会場の最前列、ストックホルムの地下鉄のトンネルに変わります。あるいは、アート作品のなかに入りこむこともできるのです。

カタリーナ・ゴスピックによると、VRを使うと、研究者は通常よりも多くの情報を得られるといいます。たとえば、脳や目の動き、あるいはほかの身体的な反応（手のひらにかく汗など）を測定することで、ある環境下で被験者がどのように行動するかを確認できます。そうして得た知識は、さらに高精度のものをつくるのに役立つでしょう。

VRはまた、人々がリラックスしたり、瞑想したり、回復したりする手助けにもなります。擬似的に森を散策することで、ストレスホルモンが低下して血糖値が下がるだけでなく、多大なAwe効果ももたらされるのです。

VRを使ってAweがいつ呼び起こされるかを調査したカナダの研究チームは、一定水準の収入、移動手段、知識をもたない人たちにとって、VRはAweを感じる効果的なツールだと述べています。

誰もがＡｗｅを味わうためにピラミッドを見に行ったり、エベレストに登ったりできるわけではありませんが、ＶＲ技術はそれらに近い体験を提供します。オフィスの椅子に座ったまま壮大な宇宙空間を旅したり、「地球の出」を眺めたりできるのです。

地上にいながら「宇宙旅行」をするための研究

「オーバービュー効果」に関して言えば、実現もそう遠くないはずです。

非常に近い将来、惑星や銀河に人々を送り出すことができるようになると述べる企業もいくつかあります。その言葉が本当なら、数年後には世界に何万もの宇宙旅行者が誕生することになるでしょう。

また、人間が無重力《ゼロ・グラビティ》にさらされたときに何が起こるかについても、研究が進められています。研究者たちは、大気圏外で本物の無重力を体験する技術を開発しました。その世界で唯一の技術は、現在ＮＡＳＡの研究や訓練にも使われています。

ある実験では、無重力空間にいるジー・フォース・ワン［ボーイング727型機を改造した機体。無重力飛行ができる］の乗客の脳内が分析されました。その結果、これまでのＡｗｅ研究と同様に、感覚を処理する脳の領域で活動の低下が見られたのです。

さらに、地上にいながらオーバービュー効果を体験するための研究も進行中です。この実験に携わる心理学者のスティーブン・プラッチャーは、世界の二極化を懸念しています。彼は、人々のあいだに広がる「分断」を解決する方法を見つけようとしており、オーバービュー効果が地球上でも同等の効果を発揮するかどうかを調べています。

プラッチャーは、100人の被験者を集めてある実験を行いました。まず、宇宙にいる状態を再現するために、被験者にはVR装置をつけてアイソレーション・タンク［光や音のさえぎられた状態の装置。そのなかで高濃度の塩水に浮かぶことで、リラクゼーション効果が得られる］のなかに入れ、深いAweをもたらすようなVR映像を見せました。実験のあと、被験者には「神秘的な体験をしたか」「他者とのつながりをより意識したか」といった質問に答えてもらいます。

効果については、現在フォローアップ調査が行われているところです。その結果を見れば、宇宙空間にいる人の精神状態がわかるでしょう。

はたして、こうした体験は、被験者の価値観や行動に影響を与えるのでしょうか？　もし与えるのであれば、この方法は、自然を守り、他者と調和して生きることの大切さを人々に伝えるのに役立つかもしれません。

Ａｗｅの活用で「仕事の効率」を上げる

Ａｗｅは「職場」でも活用できるかもしれません。職場に特化した研究はまだ存在しませんが、これまでの研究結果を見るに、Ａｗｅが仕事の効率を上げるのはまず間違いありません。

Ａｗｅを活用すれば、仕事における最大のストレス、つまり「つねに時間に追われている感覚」から解放されます。やることリストを作成し、届いたメールをすべて読んで返信し、いくつもの会議に参加していては、時間はどうしても足りなくなります。

しかし、Ａｗｅが「時間のとらえ方」を変えると知っていれば、気持ちに余裕ができるはずです。まずは、時間にゆとりがあると思い込みましょう。それだけで時間の流れがゆるやかになります。ストレスがわずかに軽減され、少し余裕ができるので、いい結果につながります。

競争の激しい職場では、より強固なチームをつくり、協力して問題解決に取り組む必要があります。また、不確かなものを見極め、偏見を乗り越え、新しい情報を取り入れる能力も求められます。いつでも批判的な視点をもち、創造力を働かせなければなりません。Ａｗｅはそのための力になるはずです。

Ａｗｅの大きな源のひとつに、「他者に心を動かされる」というのがあったのを思い出してください。私たちは、誰かの英雄的な冒険や勇敢な行動に本能的に惹きつけられます。つまり、「リーダー」はそうした役割を果たさなければならないのです。

部下が求めているのは、刺激的な個性があり、モチベーションが高く、時代の流れに逆らい、不可能を可能にするようなリーダーです。

そして、世界にはまさにそのようなビジネスリーダーがいます。イーロン・マスクやジェフ・ベゾスのような実業家を見てください。彼らは、大胆で挑戦的な企業を設立し、偉大なロールモデルとなりました。

しかし、彼らの成功の背景には、少なくない非道徳的な行為もありました。「モラルビューティー」をもたない彼らは、いずれその輝きを失うことになるかもしれません。

とはいえ、彼らが生み出したビジネス、とくに宇宙への進出という壮大な試みは、私たちを魅了しつづけます。イーロン・マスクのスペースXや、ベゾスのブルーオリジンは、私たち全員の希望と言えるでしょう。

オフィスに庭園や散歩道をつくったIT企業

最近では、天井を高くしたり、建物の一部を開くようにしたりしている企業も多いようです。「職場環境」を工夫している企業は、Ａｗｅの研究結果を取り入れているか、Ａｗｅを直感的に理解しているのかもしれません。

ダッカー・ケルトナーは、「美の原理」を導入すると、人々の好奇心と科学的思考力は高まると述べています。

フェイスブックは、ユーカリの木の実験で示された結果から、メンローパークの施設の屋上にサッカー場6面分の庭園をつくり、2マイルの散歩道を整備しました。

ほかにも、イスラエル・テルアビブのオフィスのなかにオレンジの木立をつくったグーグルや、2階建ての建物の壁が苔に覆われているソフトウェア開発会社のゼンデスク、垂直庭園のあるオハイオ州のイースト・アクロンのグッドイヤーの本社など、従業員の健康のために環境に投資している企業はいくつもあります。衣料品メーカーのパタゴニアは、受付にサーフボードをずらりと並べ、従業員にサーフィンをするよう勧めています。

職場にＡｗｅを取り入れることは、私たちが直面している多くの問題を解決するのに効果的です。会社全体にＡｗｅを取り入れるためには経営陣の許可が必要ですが、自分ひとりでできることもあります。まずは、あなた自身の心の声を聞いてみましょう。

つい先日、「Thought for the Day」というラジオ番組で、詩人のボブ・ハンソンが、休憩中は散歩に出かけよう、と呼びかけているのが聞こえました。そのあと、彼はこう続けました。「給料の交渉をするなら、社長がＡｗｅを感じているときにしよう」

壮大で、華やかで、エキサイティングな未来のために

Ａｗｅの未来像は、壮大で、華やかで、エキサイティングなものになるはずです。今後十数年のあいだに、Ａｗｅの研究は飛躍的に進歩するでしょう。本書で紹介したのは、ほ

んの始まりの部分にすぎません。

「未知のもの」や「新しいもの」との出会いは、人間にとってときに「脅威」の対象になることもあります。

テクノロジーの可能性、とくにAweに情熱を燃やしているのは、未来学者であり、哲学者であり、映画制作者であるジェイソン・シルヴァです。彼は、自分自身を「ワンダージャンキー」と呼んでいます。

ジェイソン・シルヴァは、バイオテクノロジー、ナノテクノロジー、人工知能の未来はこれまで以上に明るいと言います。「恐れるのではなく、可能性のなかに詩的なものを見出しましょう。すべてのものをつなぎあわせる接着剤、人間の本質と向き合う技術。それがAweです」

ユーチューブチャンネル「Shots of Awe」で、彼は、50万以上の視聴者を喜ばせることで、未来を身近に感じてもらおうとしています。熱意と好奇心を生み出し、テクノロジーの未来は自分たちにかかっていると理解してもらうために。

そう遠くないうちに、テクノロジーの力を借りて、人々がいつでもAweを感じられるようになる、と彼は確信しています。「演出された一瞬のAweが、私たちの感情を爆発させ、心を開かせます。癒やしと活力の両方を与えてくれるようになるでしょう」

シルヴァは人々に、「テクノロジーがなければ、いまの人類はなかった」と思い起こさせてくれます。

火がなかったら、私たちは存在していません。絵の具がなければ、芸術はありません。楽器がなければ、音楽はありません。スマートフォンがなかったら、いまの社会はありません。

こうしたものすべてが、いずれ私たち自身の内部に取り込まれてひとつになるとシルヴァは言います。自分自身がバーチャルテクノロジーとバイオテクノロジーのハイブリッドとなるのだ、と。

そして彼は、私たちが生き延びるためにはＡｗｅも必要だと確信しています。「Ａｗｅがなかったら、あらゆる謎も喜びもなければ、鳥肌が立つこともないでしょう。Ａｗｅは、自分が何者であるか、私たちに気づかせてくれるのです」

おわりに

自分に魔法をかけよう

自分の存在が小さく思えることが、どれほど大きな意味をもっているか考えてみてください。Ａｗｅによる〝小さな自分効果〟は、私たちが大きなものの一部であることに気づかせてくれます。それは、気候変動のような問題を解決するために、つまり「共通の利益」のために何ができるかを考えることにつながります。

Ａｗｅはまさに、「世界平和の鍵」と言えるでしょう。日常の何気ないできごとから始まったＡｗｅが、波紋のように広がり、大きな動きに発展していくかもしれません。

これまで書いてきたように、Ａｗｅは共同体への関心を高めます。すばらしい瞬間を経験すると、誰かと分かち合いたくなるのです。

心理学者のポール・ピフは、Ａｗｅは人から人に拡散すると語ります。もしかしたら、ポジティブな経験を共有したいという思いが私たちを結びつけているのかもしれません。

仲間と一緒にビーチに座って、太陽が沈むのを眺めているところを想像してみてください。空はオレンジ色に染まり、雲はワインレッドに輝いています。あなたは彼らのほうを向いて、こう叫ぶでしょう。「ねえ、見て！」

そして、ソーシャルメディアで夕焼けの写真を拡散するでしょう。自分が感じたものを、すぐ隣にいる人と共有したいという衝動が瞬時に湧くのです。「喜びを分かち合う」と、感謝と思いやりを感じる人がふたりになり、やがて大勢になっていきます。

世界をもっといい場所にするためには、他者の心を動かす必要がある、とジェイソン・シルヴァは言います。「『億万長者《ビリオネア》』の定義を考え直してもいいかもしれません。億万長者を『10億人を感動させた人』とするのはどうでしょう？」

本書の執筆が終盤にさしかかったころ、フェイスブックである投稿を目にしました。友人のクラーラが、仕事を終えて家に帰るときのようすを書いていたのです。

「今日、スコーネ［スウェーデン南部の地方］のタクシーの運転手が、高速道路じゃなくて草原を横切る道を走ってくれた。『時間的には変わらないし、こっちの道のほうが好きなんだ』って言いながら。初めは、私をだまして高い料金をとろうとしてるんじゃないかって思ったんだけど、その運転手が、夏になると菜の花で黄色くなる畑のこととか、以前住んでいたルーレオ［スウェーデン北部の港町］の町が寒かったこととか、昔はIT企業で働いていたけど、パソコンの画面を見ているよりこうして窓の外の眺めを見ているほうがずっといいとか話すのを聞いているうちに、すばらしいドライブだと思えるようになった。結局、予定より早く目的地に着いたよ」

私たちの胸にも、うれしい気持ちが湧き上がりました。これこそまさに、日常のAweを経験し、その喜びをまわりに広げるということです。

そして私たちは、あなたという読者に、Aweの喜びを広げることができました。

ここまで読んでくれたことに感謝します。Aweのすばらしさが少しでも伝わったのなら、それ以上の幸せはありません。

そう、Aweは瞬間的なものですが、長期的な幸福をもたらします。そして現実の苦しみを吹き飛ばし、あなたをベッドから引っ張り出してくれます。あなたを生き生きと、やわらかな気分にしてくれるのです。

謝辞

本書の執筆にあたっては、多くの方の寛大さに助けられました。まず、私たちがこの本を書きたいと言ったとき、「とてもおもしろそうですね。今週中にお会いできませんか?」と返信をくれた、ボニエル・ファクタ社のセシリア・ヴィークルンド氏に感謝します。同じくボニエル・ファクタ社のエヴァ・パーソン氏、ソフィア・ヘルリン氏、パール・リリヤ氏、ベングト・オーケソン氏、マグダレーナ・ヘーグルンド氏にも心よりお礼を申し上げます。

私たちと会う時間をつくってくれたＡｗｅ研究者の方々と、魔法のようなすばらしいイラストを描いてくれたリー・セーデルバリー氏にも感謝します。

なかでも、私たちをＡｗｅの旅へいざなってくれたダッカー・ケルトナー教授に感謝の意を表したいと思います。ケルトナー教授は、メキシコのバハ・カリフォルニア州にある

「Modern Elder Academy」に私たちを招待し、Ａｗｅに関する膨大な研究と知識を惜しまず提供してくれました。そのあたたかさと好奇心と寛容さに触れて、彼とは永遠に友だちでいたいと思っています。

すでに予約で埋まっていたコース「Awe, wonder & curiosity」を手配してくださったビジネス界の巨匠、チップ・コンリー氏にも感謝します。

貴重な意見をくれた、研究者のミシェル・ラニ・シオタ氏、ミシェル・ヴァン・エルク氏、メラニー・ラッド氏、ジェニファー・ステラー氏、ネハ・ジョン・ヘンダーソン氏、デイヴィッド・イェーデン氏。クリスマスイブに、エンジェルス国立森林公園を案内してくれたベン・ペイジ氏。そして、さまざまな形で私たちを支えてくれた、すべての方にお礼を言いたいです。みなさんの瞳の輝きと、Ａｗｅというすばらしい感情を体験できたことに、心から感謝します！

サラ・ハンマルクランツの謝辞

「Ａｗｅのパートナー」であるカトリーンに、最大の感謝を贈りたいと思います。彼女のように賢く、愛にあふれたすばらしい人と仕事ができたことは、このうえない喜びです。

彼女は、つねに一歩先を見据え、より高みを目指しています。想像力にあふれた、信頼できる言葉の魔術師であり、優れた直観の持ち主でもあります。私が行き詰まったときは、いつも励ましてくれました。また彼女は、Ａｗｅの研究が広く行われるよりずっと前から、Ａｗｅを本能的に理解していました。

本書の執筆中、カトリーンはすばらしい言葉をいくつも残しました。アメリカへの取材旅行中、私たちが何度となく使った「The Swedish Awe Team」という言葉は、彼女の冗談から生まれたものです。私たちを「最強無敵のコンビ」と呼んだのもカトリーンでした。

私たちは驚くほど笑い、驚くほど多くのことを学びました。カトリーンのキッチンのテーブルに置いてあった花から始まり、ずいぶん遠くまで来たものです。なんとすばらしい旅でしょう！　なんとすばらしい贈り物でしょう！　ありがとう、ありがとう、ありがとう！

この本の最初の読者として的確なアドバイスをくれた以前の共著者、カタリーナ・ブロム氏にも感謝したいと思います。それから、愛する子どもたち、ヒューゴとヘドヴィグ。そして、ヘドヴィグのパートナーのアダムは、私のいちばんの支えとなってくれました。

最後に、私を信じ、ときに気分をやわらげてくれ、ほんの少しのＡｗｅを感じさせてくれるＭに感謝します。

カトリーン・サンドバリの謝辞

サラの尽きることのない好奇心、燃えるような情熱、ゆるぎない熱意。そして、執筆への喜びと忠誠心と意気込みに感謝します。彼女のプロ意識と協調性とあふれる愛、そして私たちふたりの旺盛な好奇心のおかげで本書は完成しました。サラと共同作業ができたことを心よりうれしく思います。私たちはいま、Ａｗｅのただなかにいます。

ふたりで1冊の本を書くことは、一種の旅のようなものです。人間であることの意味を考えさせられる旅でした。私が学んだもっとも大切なことは、「ゴールはゴールでしかなく、そこまでの道のりがすべて」だということです。

サラのアパートは、3階と4階のあいだにあります。サラのアパートへ行くために、私はエレベーターを3階で降りて、残りは階段をのぼっていきます。サラは4階まで行って、階段を下ります。これこそ、私たちの共同作業の方法を象徴しています。

私たちはつねに同じゴール——サラの家のドア——に向かっていますが、道のりは異なります。私は、「階段をのぼる」視点でものごとを見て、サラは、「階段を下りる」視点でものごとを見ます。最初は違う見方をしていることに驚きますが、お互いの情報を取り入れ、組み合わせて消化すると、大事なことに気づくのです。ものごとの見え方がより豊かになります。その過程をこうして体験できたことは、私の大きな宝物です。そして、それがこのＡｗｅの本としてまとまったのは、すばらしいことです！

訳者あとがき

身近な人の行動や言動に感動するとき、つまり「Ａｗｅ」を感じるとき、私たちのなかにはさまざまな思いが呼び起こされ、相手に対する見方が変わる。それは、大きな力や新たなインスピレーションとなって、私たちに影響を与え、ときに人生を変えるような体験となりうる――本書のこのような一節を読み、思わずはっとしました。私自身にも、思い当たる経験があったからです。

スウェーデンに留学していたとき、アフガニスタン出身の男の子と仲良くなりました。よく冗談を言っては笑わせてくれる、きさくな子でしたが、勉強がきらいで、しょっちゅう学校をさぼります。勉強もしないのに、なんでわざわざアフガニスタンからスウェーデンにやって来たんだろう、と私は不思議でたまりませんでした。

その理由がわかったのは、日本に帰国してしばらく経ってからです。戦争から逃れてきた難民の少年が、言葉や文化の違いに戸惑いながらも、新しい社会になじんでいくまでを描いた物語を読んだとき、「ああ、あの男の子も、きっと難民としてスウェーデンに逃れてきた子だったんだ。笑顔の裏に、どれほどの苦労があったんだろう」と、はじめて気がついたのです。それがわかったとき、ものすごいショックを受け、あまりに無知だった自分が恥ずかしくてたまらなくなりました。そこで、日本の子どもたちに難民についてもっと知ってもらいたいと、その本を訳しはじめました。翻訳者としての私の原点になった、あのときのショックは、今思うと一種のＡｗｅ体験だったのかもしれません。

読者のみなさんのなかにも、自らの体験と照らし合わせて、同じような気づきを持たれた方が少なからずおられるのではないでしょうか。

本書は、日々の暮らしのなかのささやかなＡｗｅから、人生をがらりと変えるような大きなＡｗｅまで、具体的なエピソードを数多く取り上げながら、Ａｗｅを呼び起こす原因とその効果について、多角的な視点から分析を加えています。また、ふだんの生活に取り入れやすい、Ａｗｅを見つけるためのちょっとしたヒントも紹介されています。

スウェーデンで出版されるや、「周囲に対する見方が変わり、ポジティブ思考になった」「日常の小さなことにも喜びを見出せるようになった」「充実した毎日を送れるようになった」など、大きな反響を呼びました。日本のほか、スペイン、韓国、フィンランドなどでも翻訳出版が決まっているそうです。

人はＡｗｅを感じると、自己中心的な意識が薄れ、自分を大きな全体の中の一部として捉えるようになり、その感覚を誰かと分かち合いたくなったり、より多くの人々のために行動したりするようになるといいます。Ａｗｅは個人の行動を変えるだけでなく、周囲へ波及し、大きなうねりとなって、大勢の人々の行動をも変えることができるのです。

Ａｗｅのこうした効果を活用できれば、戦争や環境問題など、私たちの社会が抱えるさまざまな課題にも対処できるようになるかもしれません。本書が多くの読者の手に渡り、課題解決のヒントやインスピレーションの源となるよう願っています。

最後に、翻訳にあたっては、サンマーク出版の桑島暁子さんにたいへんお世話になりました。この場を借りてお礼を申し上げます。

２０２２年12月

喜多代恵理子

Jungaberle, H., Thal, S., Zeuch, A., Rougemont-Bücking, A., von Heyden, M., Aicher, H., & Scheidegger, M. (2018). *Positive psychology in the investigation of psychedelics and entactogens: A critical review.* Neuropharmacology, 142, 179–199.

Hendricks, P. S. (2018). *Awe: a putative mechanism underlying the effects of classic psychedelic-assisted psychotherapy.* International Review of Psychiatry, 30(4), 331–342.

Quesnel, D., & Riecke, B. E. (2018). *Are you awed yet? How virtual reality gives us awe and goose bumps.* Frontiers in psychology, 9, 2158.

Chirico, A., Ferrise, F., Cordella, L., & Gaggioli, A. (2018). *Designing awe in virtual reality: An experimental study.* Frontiers in psychology, 8, 2351.

■ウェブサイト

https://www.theguardian.com/science/2019/dec/26/scientists-attempt-to-recreate-overview-effect-from-earth Text: Ian Sample. Hämtat 2020-03-15.

https://executiveeducation.wharton.upenn.edu/thought-leadership/wharton-at-work/2017/07/the-power-of-awe/ Text: Wharton University of Pennsylvania. Hämtat 2020-03-18.

http://www.dailygood.org/story/1342/why-we-needto-cultivate-awe-in-the-workplace/ Text: Homaira Kabir. Hämtat 2020-03-18.

https://www.coor.se/nyheter-press/inblick/kan-virtual-reality-radda-manniskan/ Text: Coor. Hämtat 2020-03-18.

https://overviewinstitute.org Hämtat 2020-03-18.

https://www.meetingsinternational.se/articlesphp?id=530 Text: Tomas Dalström. Hämtat 2020-03-18.

https://www.forskning.se/2019/10/03/magiska-svampar-pa-recept/ Text: Mette Carlbom. Hämtat 2020-03-18.

https://greatergood.berkeley.edu/article/item/can_a_psychedelic_experience_improve_your_life Text: Eve Ekman, Gabrielle Agin-liebes. Hämtat 2020-03-20.

https://www.vice.com/en_us/article/bmvdnm/how-psychedelic-drugs-psilocybin-lsd-could-help-treat-addiction Text: Stephen Buranyi. Hämtat 2020-03-18.

https://www.youtube.com/watch?v=hm6cZ-7zEBE Med Jason Silva. Hämtat 2020-03-21.

■ウェブサイト

https://www.theatlantic.com/magazine/archive/1862/06/walking/304674/ Text: Henry David Thoreau. Hämtat 2020-03-18.

Moonwalkers by Emma Pritchard. OH magazine, nr 51 (2019).

https://www.jetstar.com/nz/en/inspiration/articles/northern-territory-stargazing-at-uluru Text: Justine Costigan. Hämtat 2020-03-18.

https://jonnajinton.se Text: Jonna Jinton. Hämtat 2020-03-18.

https://www.quietrev.com/the-science-of-awe-and-why-it-matters-at-work/ Text: Jenara Nerenberg. Hämtat 2020-03-18.

https://www.nbcnews.com/better/lifestyle/why-scientists-say-experiencing-awe-can-help-you-live-your-ncna961826?fbclid=IwAR2JYYg0MW3urpFZmF9593tHA-P_2GCsShzIEl6J_UZFuRfFPjVSQk9RzOw Text: Sarah Digiulio. Hämtat 2020-03-18.

https://ggsc.berkeley.edu/ Hämtat 2020-03-18.

■書籍

Curious? Discover the missing ingredient to a fulfilling life. Kashdan, T (2009). William Morrow & Co.

On Looking: Eleven Walks with Expert Eyes. Alexandra Horowitz (2014). Scribner.

Wanderlust: Att gå till fots. Rebecca Solnit (2019). Bokförlaget Daidalos.

The Art of Breathing. Danny Penman (2016). HQ.

第5章　未来はAweにあふれている

■学術論文

Johnson, M. W., & Griffiths, R. R. (2017). *Potential therapeutic effects of psilocybin.* Neurotherapeutics, 14(3), 734–740.

Grob, C. S., Bossis, A. P., & Griffiths, R. R. (2013). *Use of the classic hallucinogen psilocybin for treatment of existential distress associated with cancer.* In Psychological aspects of cancer (pp. 291–308). Springer, Boston, MA.

Foundation. Summer Allen (2018). The Greater Good Science Center, UC Berkeley.

[Aweの源] 共同体

■学術論文

Gabriel, S., Naidu, E., Paravati, E., Morrison, C. D., & Gainey, K. (2020). *Creating the sacred from the profane: Collective effervescence and everyday activities.* The Journal of Positive Psychology, 15(1), 129–154.

■ウェブサイト

https://nyheter24.se/nyheter/forskning/857844-forskare-har-ar-varfor-manniskan-alltid-velat-ga-ut-och-dansa Text: Antonia Backlund. Hämtat 2020-03-18.

https://www.thecut.com/2017/01/why-being-part-of-a-crowd-feels-so-good.html Text: Drake Baer. Hämtat 2020-03-18.

https://www.thecut.com/2016/08/primordial-reason-people-need-to-party.html Text: Drake Baer. Hämtat 2020-03-18.

第4章　日々のAwe

■学術論文

Anderson, C. L., Dixson, D. D., Monroy, M., & Keltner, D. (2019). *Are awe prone people more curious? The relationship between dispositional awe, curiosity, and academic outcomes.* Journal of personality.

McPhetres, J. (2019). *Oh, the things you don't know: awe promotes awareness of knowledge gaps and science interest.* Cognition and Emotion, 33(8), 1599–1615.

Dao, A. (2016). *Emotional and Social Responses to Stargazing: What Does It Mean To Lose the Dark?.*

Edwards, A. R. (2019). *Renewal: How Nature Awakens Our Creativity, Compassion, and Joy.* New Society Publishers.

Johnson, K. A., Moon, J. W., Okun, M. A., Scott, M. J., O'Rourke, H. P., Hook, J. N., & Cohen, A. B. (2019). *Science, God, and the cosmos: Science both erodes (via logic) and promotes (via awe) belief in God.* Journal of Experimental Social Psychology, 84, 103826.

■ウェブサイト

https://www.pewresearch.org/facttank/2015/11/23/millennials-are-less-religious-than-older-americans-but-just-as-spiritual/ Text: Becka A. Alper. Hämtat 2020-03-18.

https://www.techtimes.com/articles/229277/20180604/scientists-locate-spiritual-part-of-brainnot-necessarily-activated-by-religion.htm Text: Athena Yenko. Hämtat 2020-03-18.

https://www.affarsvarlden.se/livsstil/explosionsartat-intresse-for-yoga-6810036 Text: Thomas Nilsson. Hämtat 2020-03-18.

https://utforskasinnet.se/de-tre-grundprinciperna-bakom-viktor-frankls-logoterapi/ Text: Utforska sinnet. Hämtat 2020-03-18.

https://www.psychologicalscience.org/news/releases/experiencing-awe-increases-belief-in-the-supernatural.html Text: Association for Psychological Science. Hämtat 2020-03-18.

https://www.cmc.edu/news/emotional-intelligence-professor-piercarlo-valdesolo-on-power-of-awe Text: Susan Price. Hämtat 2020-03-18.

https://www.forbes.com/sites/alicegwalton/2019/07/19/a-sense-of-awe-may-bridge-the-gap-between-science-and-religion/#-30b9a9212565 Text: Alice G Walton. Hämtat 2020-03-18

https://asunow.asu.edu/20190718-experiencing-awe-science-influences-beliefs-about-god Text: Kimberlee D'Ardenne. Hämtat 2020-03-18.

■書籍

Att läsa Jung. Kurt Almqvist (1997). Natur och Kultur.

Livet måste ha en mening. Viktor Frankl (2006). Natur och Kultur akademisk.

The varieties of religious experience, a study in human nature. William James (1994). Random House. 『宗教的経験の諸相』(上・下)(岩波書店、1969年・1970年)

The Science of Awe. A white paper prepared for the John Templeton

Jessica Cabral. Hämtat 2020-03-18.

https://www.youtube.com/watch?v=tRFt_bO8mIs Med: Jason Silva. Hämtat 2020-03-18.

https://greatergood.berkeley.edu/video/item/how_awe_transforms_the_body_and_mind Med: Lani Shiota. Hämtat 2020-03-20.

https://www.ted.com/talks/jennifer_allison_art_and_awe_as_healing#t-796584 Med: Jennifer Allison. Hämtat 2020-03-18.

https://www.aftonbladet.se/kultur/bokrecensioner/a/J1x7a6/var-oandliga-inre-arkitektur. Text: Maria Bergom Larsson. Hämtat 2020-03-21.

https://greatergood.berkeley.edu/video/item/can_awe_combat_narcissism. Med Paul Piff. Hämtat 2020-03-21.

[Aweの源] スピリチュアリティ

■学術論文

Berthold, A., & Ruch, W. (2014). *Satisfaction with life and character strengths of non-religious and religious people: It's practicing one's religion that makes the difference.* Frontiers in Psychology, 5, 876.

Valdesolo, P., & Graham, J. (2014). *Awe, uncertainty, and agency detection.* Psychological science, 25(1), 170–178.

Miller, L., Balodis, I. M., McClintock, C. H., Xu, J., Lacadie, C. M., Sinha, R., & Potenza, M. N. (2019). *Neural correlates of personalized spiritual experiences.* Cerebral Cortex, 29(6), 2331–2338.

Feierman, J. R., & Oviedo, L. (Red). (2019). *The Evolution of Religion, Religiosity and Theology: A Multi-Level and Multi-Disciplinary Approach.* Routledge. 138–153 Awe as a meaning making emotion, Ihm E. et al.

Chirico, A., & Yaden, D. B. (2018). *Awe: a self-transcendent and sometimes transformative emotion.* In The function of emotions (221–233). Springer, Cham.

Yaden, D. B., Haidt, J., Hood Jr, R. W., Vago, D. R., & Newberg, A. B. (2017). *The varieties of self-transcendent experience.* Review of general psychology, 21(2), 143–160.

Valdesolo, P., Shtulman, A., & Baron, A. S. (2017). *Science is awe-some: The emotional antecedents of science learning.* Emotion Review, 9(3), 215–221.

■書籍

Factfulness, Hans Rosling, Ola Rosling, Anna Rosling Rönnlund (2018). Natur och Kultur. 『FACTFULNESS　10の思い込みを乗り越え、データを基に世界を正しく見る習慣』（日経BP、2019年）

[Aweの源] 文化

■学術論文

Schindler I., Hosoya G., Menninghaus W., Beermann U., Wagner V., Eid M. et al. (2017). *Measuring aesthetic emotions: A review of the literature and a new assessment tool.* PLoS ONE 12(6): e0178899.

Rudd, M., Hildebrand, C., & Vohs, K. D. (2018). *Inspired to create: Awe enhances openness to learning and the desire for experiential creation.* Journal of Marketing Research, 55(5), 766–781.

Rudd, M., Vohs, K. D., & Aaker, J. (2012). *Awe expands people's perception of time, alters decision making, and enhances well-being.* Psychological science, 23(10), 1130–1136.

Pilgrim, L., Norris, J. I., & Hackathorn, J. (2017). *Music is awesome: Influences of emotion, personality, and preference on experienced awe.* Journal of Consumer Behaviour, 16(5), 442–451.

Quesnel, D., Stepanova, E. R., Aguilar, I. A., Pennefather, P., & Riecke, B. E. (2018). *Creating AWE: artistic and scientific practices in research-based design for exploring a profound immersive installation.* IEEE Games, Entertainment, Media Conference (GEM) 1–207. IEEE.

Piff, P. K., Dietze, P., Feinberg, M., Stancato, D. M., & Keltner, D. (2015). *Awe, the small self, and prosocial behavior.* Journal of personality and social psychology, 108(6), 883.

Stancato, D. M., & Keltner, D. (2019). *Awe, ideological conviction, and perceptions of ideological opponents.* Emotion.

■ウェブサイト

https://www.utoronto.ca/news/putting-stock-awe-ut-research Text: University of Toronto. Hämtat 2020-03-18.

https://themedium.ca/features/is-there-more-to-compassion-and-awe/ Text:

Bermudez, J., Krizaj, D., Lipschitz, D. L., Bueler, C. E., Rogowska, J., Yurgelun-Todd, D., & Nakamura, Y. (2017). *Externally-induced meditative states: an exploratory fMRI study of architects' responses to contemplative architecture.* Frontiers of architectural research, 6(2), 123–136.

Stancato, D. M., & Keltner, D. (2019). *Awe, ideological conviction, and perceptions of ideological opponents.* Emotion.

■ウェブサイト

https://www.nytimes.com/2010/02/09/science/09tier.html Text: John Tierny. Hämtat 2020-03-18.

https://varldenshistoria.se/teknik/byggnader/golden-gate-bridge-var-rena-vansinnesprojektet Text: Världens Historia. Hämtat 2020-03-18.

https://www.marinij.com/2015/11/08/in-a-new-book-dave-eggers-explains-why-the-golden-gate-bridge-is-orange-not-gold/ Text: Paul Liberatore. Hämtat 2020-03-18.

https://eu.usatoday.com/story/life/music/2019/04/11/susan-boyles-iconic-i-dreameddream-performance-turns-10/3426767002/ Text: Maeve Mcdermott. Hämtat 2020-03-18.

https://www.theguardian.com/music/2010/may/30/susan-boyle-the-dream Text: Carole Cadwalladr. Hämtat 2020-03-18.

https://www.youtube.com/watch?v=yE1Lxw5ZyXk Med: Susan Boyle. Hämtat 2020-03-18

https://magazine.texasarchitects.org/2017/05/16/awe/ Text: Anastasia Calhoun. Hämtat 2020-03-18.

https://www.vox.com/culture/2019/1/10/18102701/cirque-du-soleil-la Text: Constance Grady. Hämtat 2020-03-18

https://www.ted.com/talks/beau_lotto_and_cirque_du_soleil_how_we_experience_awe_and_why_it_matters Med: Beau Lotto. Hämtat 2020-03-18.

https://www.cirquedusoleil.com/ Hämtad 2020-03-20.

https://www.youtube.com/watch?v=8JUgCC9mh0A Official Trailer "O". Hämtad 2020-03-20.

https://med.virginia.edu/perceptual-studies/our-research/near-death-experiences-ndes/fifty-years-of-research-nde/ Text: University of Virginia. Hämtat 2020-03-18.

https://www.svt.se/nyheter/lokalt/stockholm/greta-thunberg-15-klimatfragan-ar-var-tids-odesfraga Text: Michelle Derblom Jobe. Hämtat 2020-03-18.

https://sv.wikipedia.org/wiki/Greta_Thunberg Hämtat 2020-03-18.

https://www.aftonbladet.se/nojesbladet/a/zLoeb1/greta-thunberg-berattar-om-diagnosen-i-skavlan Text: Alex Hartelius. Hämtat 2020-03-18.

https://cherwell.org/2018/11/19/the-power-of-silence-the-art-of-marina-abramovic/ Text: Grace Morgan. Hämtat 2020-03-18.

https://www.khanacademy.org/humanities/global-culture/conceptual-performance/a/marina-abramovi-the-artist-is-present Text: Rebecca Taylor. Hämtat 2020-03-18.

https://theculturetrip.com/europe/serbia/articles/marina-abramovi-the-artist-is-present-and-overwhelmingly-so/ Text: A.J Samuels. Hämtat 2020-03-18.

■書籍

The Science of Awe. A white paper prepared for the John Templeton Foundation. Summer Allen (2018). The Greater Good Science Center at UC Berkeley.

Born to Be Good, The Science of a Meaningful Life. Dacher Keltner (2009). WW Norton & Co.

[Aweの源] スキル

■学術論文

Berger, J., & Milkman, K. L. (2013). *Emotion and virality: what makes online content go viral?.* GfK Marketing Intelligence Review, 5(1), 18–23.

Van Cappellen, P., Saroglou, V., Iweins, C., Piovesana, M., & Fredrickson, B. L. (2013). *Self-transcendent positive emotions increase spirituality through basic world assumptions.* Cognition & emotion, 27(8), 1378–1394.

Negami, H. (2016). *Awe-inducing interior space: Architectural causes and cognitive effects* (Master's thesis, University of Waterloo).

https://www.washingtonpost.com/lifestyle/magazine/space-tourism-will-surely-be-a-blast-but-can-it-also-improve-life-on-earth/2017/11/28/c9abfa40-c3f2-11e7-aae0-cb18a8c29c65_story. html Text: Leigh Ann Henion. Hämtat 2020-03-15.

■書籍

2019 National Veteran Suicide Prevention Annual Report, Office of Mental Health and Suicide Prevention, US Departments of Veteran Affairs.

Nature and Selected Essays. R.W Emerson, 2003, Penguin Classics.

Egen översättning av citat i boken ovan: "The greatest delight which the fields and woods minister is the suggestion of an occult relation between [humanity] and the vegetable," he wrote in Nature. "I am not alone and unacknowledged. They nod to me and I to them."

[Aweの源] 人間

■学術論文

Stellar, J. E., Gordon, A., Anderson, C. L., Piff, P. K., McNeil, G. D., & Keltner, D. (2018). *Awe and humility. Journal of Personality and Social Psychology,* 114(2), 258–269.

Stellar, J. E., Gordon, A. M., Piff, P. K., Cordaro, D., Anderson, C. L., Bai, Y., ... & Keltner, D. (2017). *Self-transcendent emotions and their social functions: Compassion, gratitude, and awe bind us to others through prosociality.* Emotion Review, 9(3), 200–207.

Graziosi, M., & Yaden, D. (2019). *Interpersonal awe: Exploring the social domain of awe elicitors.* The Journal of Positive Psychology, 1–9.

Berger, J., & Milkman, K. L. (2010). *Social transmission and viral culture.* Preprint. Retrieved August, 28.

■ウェブサイト

https://www.smithsonianmag.com/science-nature/what-emotion-goes-viral-fastest-180950182/ Text: Matthew Shaer. Hämtat 2020-03-15.

https://www.scientificamerican.com/article/the-secret-to-online-success-what-makes-content-go-viral/ Text: Liz Rees-Jones med fler. Hämtat 2020-03-15.

https://www.youtube.com/watch?v=OQSNhk5ICTI Med: Yosemite Bear. Hämtat 2020-03-15.

https://asunow.asu.edu/20190205-discoveries-ooh-and-awe-science-behind-our-fascination-grand-canyon Text: Emma Greguska. Hämtat 2020-03-15.

https://www.natureandforesttherapy.org Hämtat 2020-03-15.

https://www.washingtonpost.com/news/to-your-health/wp/2016/05/17/forest-bathing-is-latest-fitness-trend-to-hit-u-s-where-yoga-was-30-years-ago/ Text: Meeri Kim. Hämtat 2020-03-15

https://www.veteransadvantage.com/blog/military-veterans-life/after-combat-time-outside-saved-army-veteran-stacy-bares-life Text: Drew Higgins. Hämtat 2020-03-15.

https://beyondtheuniform.org/blog/btu-268-how-the-outdoors-saved-my-life-stacy-bare Podcast. Hämtat 2020-03-15.

https://greatergood.berkeley.edu/video/item/why_veterans_should_get_outdoors Filmklipp: Hämtat 2020-03-15.

https://www.sierraclub.org/sierra/2014-6-november-december/feature/science-awe Text: Jake Abrahamson. Hämtat 2020-03-15.

https://greatergood.berkeley.edu/article/item/ the_benefits_of_feeling_awe Text: Jeremy Adam Smith. Hämtat 2020-03-15.

https://news.berkeley.edu/2018/07/12/awe-nature-ptsd/ Text: Yasmin Anwar. Hämtat 2020-03-15.

https://www.theguardian.com/science/2019/dec/26/scientists-attempt-to-recreate-overview-effect-from-earth Text: Ian Sample. Hämtat 2020-03-15.

https://www.nasa.gov/johnson/HWHAP/the-overview-effect Podcast: Frank Write transcript. Hämtat 2020-03-15.

https://www.businessinsider.com/overview-effect-nasa-apollo8-perspective-awareness-space-2015-8 Text: Ivan de Luce. Hämtat 2020-03-15.

https://www.psychologyinaction.org/psychology-in-action-1/2017/01/01/the-overview-effect Text: Stacy Shaw. Hämtat 2020-03-15.

https://www.thecut.com/2016/05/scientists-are-trying-to-solve-the-mystery-of-awe.html Text: Jordan Rosenfeld. Hämtat 2020-03-15.

https://www.vice.com/en_us/article/bmvpxq/to-savehumanity-look-at-earth-from-space-overview-effect Text: Becky Ferreira. Hämtat 2020-03-15.

[Aweの効果 9] 環境に優しい選択をする

■学術論文

Wang, L., Zhang, G., Shi, P., Lu, X., & Song, F. (2019). *Influence of Awe on Green Consumption: The Mediating Effect of Psychological Ownership.* Frontiers in psychology, 10.

第3章　Aweの源

[Aweの源] 自然

■学術論文

Kuo, M. (2015). *How might contact with nature promote human health? Promising mechanisms and a possible central pathway.* Frontiers in psychology, 6, 1093.

Edwards, A. R. (2019). Renewal: *How Nature Awakens Our Creativity, Compassion, and Joy.* New Society Publishers.

Hansen, M. M., Jones, R., & Tocchini, K. (2017). *Shinrin-yoku (forest bathing) and nature therapy: A state-of-the-art review.* International journal of environmental research and public health, 14(8), 851.

Li, Q., Morimoto, K., Nakadai, A., Inagaki, H., Katsumata, M., Shimizu, T., ... & Kagawa, T. (2007). *Forest bathing enhances human natural killer activity and expression of anti-cancer proteins.* International journal of immunopathology and pharmacology, 20(2_suppl), 3–8.

Anderson, C. L., Monroy, M., & Keltner, D. (2018). *Awe in nature heals: Evidence from military veterans, at-risk youth, and college students.* Emotion, 18(8), 1195.

■ウェブサイト

http://www.rochester.edu/news/show.php?id=3639 Text: University of Rochester. Hämtat 2020-03-15.

https://theculturetrip.com/north-america/usa/articles/10-awe-inspiring-places-to-watch-the-sunset/ Text: Helen Armitage. Hämtat 2020-03-15.

[Aweの効果 7] 思いやりの気持ちが強くなる

■学術論文

Piff, P. K., Dietze, P., Feinberg, M., Stancato, D. M., & Keltner, D. (2015). *Awe, the small self, and prosocial behavior.* Journal of Personality and Social Psychology, 108(6), 883–899.

Yang, Y., Yang, Z., Bao, T., Liu, Y., & Passmore, H. A. (2016). *Elicited awe decreases aggression.* Journal of Pacific Rim Psychology, 10.

Li, J. J., Dou, K., Wang, Y. J., & Nie, Y. G. (2019). *Why awe promotes prosocial behaviors? The mediating effects of future time perspective and self-transcendence meaning of life.* Frontiers in psychology, 10.

Prade, C., & Saroglou, V. (2016). *Awe's effects on generosity and helping.* The Journal of Positive Psychology, 11(5), 522–530.

Joye, Y., & Bolderdijk, J. W. (2015). *An exploratory study into the effects of extraordinary nature on emotions, mood, and prosociality.* Frontiers in psychology, 5, 1577.

■ウェブサイト

https://greatergood.berkeley.edu/article/item/how_awe_makes_us_generous
Text: Adam Hoffman. Hämtat 2020-03-15.

[Aweの効果 8] 満足度が高くなる

■学術論文

Keltner, D., & Haidt, J. (2003). *Approaching awe, a moral, spiritual, and aesthetic emotion.* Cognition and emotion, 17(2), 297–314.

Zhao, H., Zhang, H., Xu, Y., He, W., & Lu, J. (2019). *Why are people high in dispositional awe happier? The roles of meaning in life and materialism.* Frontiers in psychology, 10, 1208.

Tian, Y., & Lu, D. (2015). *The Experimental Research on the Influence of Materialism and the Emotion of Awe on Life Satisfaction and Products Preference.* Open Journal of Social Sciences, 3(10), 138.

[Aweの効果 5] 創造力が豊かになる

■学術論文

Chirico, A., Glaveanu, V. P., Cipresso, P., Riva, G., & Gaggioli, A. (2018). *Awe enhances creative thinking: an experimental study.* Creativity Research Journal, 30(2), 123–131.

Rudd, M., Hildebrand, C., & Vohs, K. D. (2018). *Inspired to create: Awe enhances openness to learning and the desire for experiential creation.* Journal of Marketing Research, 55(5), 766–781.

Anderson, C. L., Dixson, D. D., Monroy, M., & Keltner, D. (2019). *Are awe prone people more curious? The relationship between dispositional awe, curiosity, and academic outcomes.* Journal of personality.

Zhang, J. W., Anderson, C. L., Razavi, P., Mello, Z., Shaban Azad, H., Monroy, M., & Keltner, D. (2017). *Trait and state based experience of awe promotes creativity.* (Doctoral dissertation, University of California, Berkeley).

[Aweの効果 6] 自己中心的な意識が薄らぐ

■学術論文

van Elk, M., Arciniegas Gomez, M. A., van der Zwaag, W., van Schie, H. T., & Sauter, D. (2019). *The neural correlates of the awe experience: Reduced default mode network activity during feelings of awe.* Human brain mapping, 40(12), 3561–3574.

Killingsworth, M. A., & Gilbert, D. T. (2010). *A wandering mind is an unhappy mind.* Science, 330(6006), 932–932.

■ウェブサイト

https://greatergood.berkeley.edu/article/item/what_awe_looks_like_in_the_brain Text: Summer Allen. Hämtat 2020-03-15.

https://www.motivation.se/innehall/vad-gor-hjar-nan-nar-den-ar-ledig/ Text: Anneli Godman. Hämtat 2020-03-15.

https://www.ted.com/talks/kelly_mcgonigal_how_to_make_stress_your_friend/discussion Hämtat 2020-03-15.

van Elk, M., & Rotteveel, M. (2019). *Experimentally induced awe does not affect implicit and explicit time perception.* Attention, Perception & Psychophysics, 1–12.

■ウェブサイト

https://www.businesswire.com/news/home/20120718006636/en/Moments-Awe-Affect-Perception-Time-Research-Stanford Text: Helen Chang. Hämtat 2020-03-15.

https://www.livehappy.com/science/embracing-awe Text: Paula Felps. Hämtat 2020-03-15.

[Aweの効果 4] 頭の回転が速くなる

■学術論文

Fredrickson, B. L. (2001). *The role of positive emotions in positive psychology: The broaden-and-build theory of positive emotions.* American psychologist, 56(3), 218.

Estrada CA, Isen AM, Young MJ. (1997). *Positive affect facilitates integration of information and decreases anchoring in reasoning among physicians.* Organizational Behavior and Human Decision Processes, 72(1), 117–135.

Valdesolo, P., Shtulman, A., & Baron, A. S. (2017). *Science is awe-some: The emotional antecedents of science learning.* Emotion Review, 9(3), 215–221.

McPhetres, J. (2019). *Oh, the things you don't know: awe promotes awareness of knowledge gaps and science interest.* Cognition and Emotion, 1–17.

Gottlieb, S., Keltner, D., & Lombrozo, T. (2018). *Awe as a scientific emotion. Cognitive science,* 42(6), 2081–2094.

■ウェブサイト

https://www.rochester.edu/newscenter/does-awe-lead-to-greater-interest-in-science-366192/ Text: Sandra Knispel. Hämtat 2020-03-15.

https://greatergood.berkeley.edu/article/item/eight_reasons_why_awe_makes_your_life_better Text: Summer Allen. Hämtat 2020-03-15.

■ウェブサイト

https://www.the-cma.org.uk/Articles/The-antiinflammatory-effects-of-a-sense-of-awe-and-wonder-6099/ Text: Jayney Goddard. Hämtat 2020-03-15.

https://www.psychologytoday.com/us/blog/the-athletes-way/201705/awe-engages-your-vagus-nerve-and-can-combat-narcissism Text: Cristopher Bergland. Hämtat 2020-03-15.

https://www.livescience.com/vagus-nerve.html Text: Katherine Gould. Hämtat 2020-03-15.

[Aweの効果 2] ストレスが軽減する

■学術論文

Stellar, J. E., John-Henderson, N., Anderson, C. L., Gordon, A. M., McNeil, G. D., & Keltner, D. (2015). *Positive affect and markers of inflammation: Discrete positive emotions predict lower levels of inflammatory cytokines.* Emotion, 15(2), 129.

Rankin, K., Andrews, S. E., & Sweeny, K. (2019). *Awe-full uncertainty: Easing discomfort during waiting periods. The Journal of Positive Psychology,* 1–10.

Anderson, C. L., Monroy, M., & Keltner, D. (2018). *Awe in nature heals: Evidence from military veterans, at-risk youth, and college students.* Emotion, 18(8), 1195.

■ウェブサイト

https://www.menshealth.com/health/a27545758/ the-health-benefits-of-awe/ Text: Michael Behar. Hämtat 2020-03-15.

https://news.ucr.edu/articles/2019/06/21/awe-full-state-mind-may-set-you-free Text: John Warren. Hämtat 2020-03-15.

[Aweの効果 3] 時間のゆとりを感じる

■学術論文

Rudd, M., Vohs, K. D., & Aaker, J. (2012). *Awe expands people's perception of time, alters decision making, and enhances well-being.* Psychological science, 23(10), 1130–1136.

articleshow/67868354.cms Text: The Economic Times. Hämtat 2020-03-15.

https://philosophynow.org/issues/132/Awe_and_Sublimity Text: Robert Clewis. Hämtat 2020-03-15.

https://www.earthisland.org/journal/index.php/articles/entry/awe_may_be_a_forests_least_ known_gift/ Text: Mike Shanahan. Hämtat 2020-03-15.

https://www.psychologytoday.com/intl/blog/the-pursuit-peace/201510/brief-history-awe Text: Andy Tix. Hämtat 2020-03-15.

https://asunow.asu.edu/20190103-research-takes-your-breath-away-impact-awe Text: Kimberlee D'Ardenne. Hämtat 2020-03-15.

■書籍

The Science of Awe. A white paper prepared for the John Templeton Foundation. Summer Allen (2018). The Greater Good Science Center at UC Berkeley.

Showings of Julian of Norwich: A New Translation. M. Starr (2013). Hampton Roads Publishing.

Nature and Selected Essays. R.W Emerson (2003). Penguin Classics.

Egen översättning av citat ur boken ovan: "Standing on the bare ground, my head bathed by the blithe air and uplifted into infinite space, all mean egotism vanishes. I become a transparent eyeball; I am nothing; I see all; the currents of the Universal Being circulate through me; I am part or parcel of God."

第２章　Aweの効果

［Aweの効果１］健康になる

■学術論文

Stellar, J. E., John-Henderson, N., Anderson, C. L., Gordon, A. M., McNeil, G. D., & Keltner, D. (2015). *Positive affect and markers of inflammation: Discrete positive emotions predict lower levels of inflammatory cytokines.* Emotion, 15(2), 129.

序章　木の下でのAwe体験

■学術論文

Piff, P. K., Dietze, P., Feinberg, M., Stancato, D. M., & Keltner, D. (2015). *Awe, the small self, and prosocial behavior.* Journal of personality and social psychology, 108(6), 883.

■書籍

Delar av Göran Rosenbergs nyårstal. *Om att förundras och häpnas.* Framfört i Engelbrekts kyrkan i Stockholm 31 december 2014 och 1 januari 2016.

Så gör jag. Konsten att skriva. Bodil Malmsten (2012). Modernista.

第１章　ワオ！ これがAweだ

■学術論文

Sheldon, K. M., Kashdan, T. B., & Steger, M. F. (Red). (2010). *Designing positive psychology: Taking stock and moving forward.* Oxford University Press.

Shiota, M. N., Keltner, D., & Mossman, A. (2007). *The nature of awe: Elicitors, appraisals, and effects on self-concept.* Cognition and emotion, 21(5), 944–963.

Schurtz, D.R., Blincoe, S., Smith, R.H., Powell, C.A.J., Combs, D.J.Y., & Kim, S.H. (2012). *Exploring the social aspects of goosebumps and their role in awe and envy.* Motivation & Emotion, 36, 205–217.

McPhetres, J. (2019). *Oh, the things you don't know: awe promotes awareness of knowledge gaps and science interest.* Cognition and Emotion, 33(8), 1599–1615.

Danvers, A. F., & Shiota, M. N. (2017). *Going off script: Effects of awe on memory for script-typical and-irrelevant narrative detail.* Emotion, 17(6), 938.

■ウェブサイト

https://fof.se/tidning/2009/4/artikel/mot-paul-ekman-han-kan-se-nar-du-ljuger Text: Per Snaprud. Hämtat 2020-03-15.

https://m.economictimes.com/magazines/panache/from-elation-to-embarrassment-oohs-and-aahs-convey-24-types-of-emotion/

参考文献

■インタビュー

Dacher Keltner, professor i psykologi, University of California, Berkeley, 15–22 december 2019.

Lani Shiota, docent i socialpsykologi, Arizona State University, 13 december 2019.

Michiel van Elk, docent i kognitiv neurovetenskap, Universiteit van Amsterdam, 4 december 2019.

Melanie Rudd, docent i marknadsföring, Bauer College of Business, University of Houston, 10 december 2019.

Jennifer Stellar, docent i psykologi, University of Toronto, 27 februari 2020.

Neha John-Henderson, docent i neurovetenskap, Montana State University, 4 februari 2020.

David Yaden, forskare i psykologi, University of Pennsylvania, 19 februari 2020.

Ben Page, skogsterapiguide, grundare av Shinrin-yoku LA, grundare av The Open School Institute, LA, 24 december 2019.

Jason Silva, futurist, filosof och filmare, Shot of Awe, 24 februari 2020.

Leigh Ann Henion, författare och journalist, 21 november 2019.

Anna Laestadius Larsson, författare, 11 november 2019.

Navid Modiri, programledare, samtalsaktivist, 30 december 2019.

Stefan Edman, biolog, författare, föreläsare, 11 december 2019.

Gunilla Palmstierna-Weiss, scenograf, konstnär och *Martina Domonkos Klemmer*, kurator, 15 januari 2020.

Blake Mycoskie, grundare och före detta ägare av Toms, 21 december 2019.

©Maria Östlin

[著者]

カトリーン・サンドバリ　Katrin Sandberg

ストーリー・コーチングやコミュニケーション戦略の専門家。スウェーデン最大の女性組織「4good」創設者。著書に『あなた自身の物語を見つけよう（Hitta din sanna story）』（未邦訳）がある。スウェーデン在住。

サラ・ハンマルクランツ　Sara Hammarkrantz

心理学・リーダーシップ関連のジャーナリスト。編集長経験もあり、スウェーデンにポジティブ心理学を最初に紹介した著書『全力でしあわせになろう（Lycka på fullt allvar）』（未邦訳）をカタリーナ・ブロム（Katarina Blom）と共同執筆。小説『クリスティーナ、あなたの意志は森にある（Cristina, din vilja bor i skogen）』の著書がある。スウェーデン在住。

[訳者]

喜多代恵理子　きただい・えりこ

早稲田大学第一文学部総合人文学科卒。スウェーデンに留学し、成人教育機関にて児童文学コースおよび文芸創作コースを修了。現在、小学校で司書の業務に従事しながら、フリーランスでスウェーデン語の翻訳を手がける。訳書に『ラミッツの旅——ロマの難民少年のものがたり』『わたしも水着をきてみたい』（共にさ・え・ら書房）、『うっかりおじさん』（朔北社）などがある。

装　　丁　轡田昭彦＋坪井朋子
翻訳協力　株式会社リベル
校　　正　株式会社鷗来堂
編　　集　桑島暁子（サンマーク出版）

Awe《オウ》 Effect《エフェクト》

2023年1月15日　初版印刷
2023年1月25日　初版発行

著　　者　カトリーン・サンドバリ
　　　　　サラ・ハンマルクランツ
訳　　者　喜多代恵理子
発 行 人　植木宣隆
発 行 所　株式会社サンマーク出版
　　　　　〒169-0075 東京都新宿区高田馬場2-16-11
　　　　　☎03-5272-3166（代表）

印　　刷　株式会社暁印刷
製　　本　株式会社村上製本所

ISBN978-4-7631-3917-7　C0030
定価はカバー、帯に表示してあります。
落丁、乱丁本はお取り替えいたします。
ホームページ　https://www.sunmark.co.jp